VIVENCIAS HISPÁNICAS
CUENTOS DEL SIGLO XX

VIVENCIAS HISPÁNICAS
CUENTOS DEL SIGLO XX

JAMES H. HODDIE

BOSTON UNIVERSITY

HARCOURT BRACE JOVANOVICH, PUBLISHERS

SAN DIEGO NEW YORK CHICAGO AUSTIN WASHINGTON, D.C.
LONDON SYDNEY TOKYO TORONTO

ISBN: 0-15-594943-8
Library of Congress Catalog Card Number: 87-81143
Printed in the United States of America

7 8 9 0 1 2 3 4 5 016 13 12 11 10 9 8 7 6 5 4

PREFACE

Vivencias hispánicas: Cuentos del siglo XX is intended to encourage students to use their reading as a point of departure for the discussion of cultural similarities and differences. The level of the readings is suitable for students in the last semester of intermediate sequences or in third-year college Spanish courses. Both Spanish and Spanish American stories are included, with an emphasis on the more outstanding writers of the last thirty years.

The stories are grouped under three main themes in which most students either possess a wealth of first-hand experience or have demonstrated an abiding interest: family relationships, social alienation, and mystery and madness. This thematic arrangement provides a framework for courses in which some emphasis is placed on discussion and writing. A brief general introduction addresses the usefulness of reading literary works—and the problems to be faced in such a pursuit—as a means of getting to know a second culture. Each of the three divisions (*Las relaciones familiares, La alienación social,* and *El misterio y la locura*) is preceded by an essay intended to focus thought on the relationship of each story to the theme. The purpose of such an arrangement is to help students develop skill in generalizing about subject matter, often a difficult step in language programs, in which most oral activity is directed toward easily visualized situations. However, it is possible to use the selections without reference to this framework if one chooses. Due to the thematic arrangement of the stories, no attempt to order them by level of difficulty has been made. Some— for example, *"El abuelo,"* by Vargas Llosa and *"La mujer que llegaba a las seis,"* by García Márquez—can be expected to challenge students more than others; additional help is provided in such cases in the notes and introductory essays. Instructors may wish to preview stories before assigning them if they prefer a sequence based on difficulty. In general, it is the style and the content, rather than more unfamiliar vocabulary, that distinguish some stories as more challenging.

The presentation of each story follows the same pattern: (1) a brief introduction to the author and story; (2) *Cuestionario*, comprehension questions based on the text; (3) the story, with difficult passages and words glossed and explanatory notes; (4) two sets of questions intended to stimulate class discussion or to serve as suggestions for compositions. Of these questions, the first set, *La vivencia*, focuses on a comparison of the cultural milieu of the story with that known to students. The second set, *Perspectivas literarias*, directs their attention to such matters as language, style, characterization, and approaches to narrative. Most instructors will wish to select one or two questions from these sections for assignment; others will prefer to choose questions from only one section.

A notable feature of this text is the placement of the comprehension questions, titled *Cuestionario*. They precede the reading rather than follow it, to encourage students to answer questions as they read and focus their attention on the main points of the story. Waiting to answer questions until one has finished an entire selection can be frustrating to students accustomed to reading only brief passages in a second language. It is suggested, therefore, that students skim the questions before reading, to preview the main points and prepare them to answer as they read the selection. For second-year classes these questions should encourage students to formulate sentences that, taken together, will summarize the content of each story. This foundation provides a good starting point for more general discussion. Additionally, valuable class time is not wasted in ascertaining that everyone has understood the basic plot.

ACKNOWLEDGMENTS

The author is indebted to his colleague Elizabeth Lozano, of Boston University, for her careful reading of the manuscript and her numerous suggestions for improvement of the introductions and questions. Thanks are due his son J. Peter for the computer programs that lightened the burden of carrying the project to completion. Further expressions of gratitude are extended to John A. Coleman, New York University; Francisco Jiménez, Santa Clara University; and to Albert I. Richards, acquisitions editor, Eleanor Garner, permissions editor, and Pamela Evans, copy editor, for their expert advice, constructive suggestions, and enthusiastic support.

James H. Hoddie

CONTENTS

INTRODUCCIÓN

«La vivencia» es un concepto mucho más amplio que el que se comunica con la palabra inglesa *lifestyle*. Sirve para aludir a todos los aspectos de la experiencia vital que conoce una persona desde dentro de su propia cultura. Para estudiar la vivencia de otros, tenemos que aplicar nuestros conocimientos con respecto a los distintos factores que influyen en las acciones y decisiones de otras gentes en otras circunstancias. La vida de las personas individuales, de las familias, de los grupos sociales y de las naciones se desarrollan en un ambiente físico, económico, político, histórico, religioso y lingüístico. Las reacciones a estos factores, también, pueden ser pasivas, activas o aun innovadoras. Algunas son conscientes, otras inconscientes. En casi toda situación, entonces, la psicología individual es un importante elemento determinante de la conducta. Por ejemplo, la preocupación por conformar con las normas sociales importa más para unas personas en unas situaciones que para otras en distintas situaciones. El lector de este libro compartirá con los autores de los cuentos una perspectiva sobre varias costumbres del mundo hispánico. Pero debemos recordar que el repertorio de costumbres en otras culturas es tan vasto y complejo como dentro de nuestra cultura, porque se basa en experiencias *individuales*.

El estudio de la vida en otras culturas siempre presenta dificultades. Desgraciadamente, a algunas personas cualquier contacto con otras culturas les sirve para confirmar prejuicios—negativos o positivos—y para reforzar estereotipos. A otras personas les encanta señalar diferencias, sin pensar en las muchas semejanzas que existen en los seres humanos de todas las razas y de todos los tiempos. Las culturas hispánicas—la española y las hispanoamericanas—tienen, en común con las otras culturas occi-

1

dentales, sus raíces en las grandes civilizaciones mediterráneas de la antigüedad: Grecia, Roma y el Cercano Oriente. Su lengua tiene en común con el inglés miles de palabras heredadas de la lengua de Roma, el latín.

En muchos aspectos la historia de España en el mundo moderno anticipó la de los otros estados europeos, primero en la unificación de su territorio y en la creación de un vasto imperio, sobre todo en las Américas. Como en el caso de Gran Bretaña, con su imperio colonial, la cultura española ha transmitido su lengua y sus costumbres a millones de personas de otras razas que viven en regiones del mundo poco parecidas al ambiente europeo donde tuvieron sus orígenes. La literatura de la lengua española sirve para mantener cierta unidad cultural entre naciones tan diversas entre sí como lo son España, México y la Argentina. Igual que el norteamericano de habla inglesa, para quien Shakespeare y Dickens forman parte de la tradición, el hispanoamericano cuenta entre sus antepasados literarios a grandes escritores españoles como Cervantes, Calderón y Góngora. Este pasado sigue influyendo en las obras de escritores al mismo tiempo que los innovadores hispánicos han sabido participar con gran originalidad en las muchas corrientes intelectuales y artísticas de nuestro siglo.

La literatura—un arte cuya materia prima son las palabras— nunca retrata y copia fielmente la realidad. Es una creación de la cultura, que tiene sus propias leyes. En un cuento, por ejemplo, la acción normalmente no puede abarcar un período largo del tiempo, ni hay espacio para profundizar mucho en el análisis de los personajes. También las preocupaciones por la innovación literaria y las orientaciones personales de los escritores influyen en cómo se presenta la realidad en la literatura. Por éstas y otras razones se debe entender que los textos literarios, sin ser documentos sociológicos, psicológicos ni históricos, nos ofrecen interpretaciones muy personales de la realidad. Nos permiten ver cómo otras culturas han interpretado el mundo. Y la exageración y la deformación de la realidad son un aspecto importante de esta actividad creadora. Si nos indignamos o si nos reímos con estos escritores, debemos tener en cuenta que lo que nos cuentan es sólo una perspectiva, entre las muchas posibles, sobre lo narrado. Al darnos cuenta de que es éste el caso, podemos meditar sobre la vivencia detrás de la representación literaria.

En las siguientes páginas se aborda el conocimiento del

mundo hispánico mediante cuentos sobre temas con los cuales está familiarizado todo estudiante norteamericano contemporáneo—por lo menos desde dentro de su propia cultura. El libro está dividido en tres partes: «Las relaciones familiares», «La alienación social» y «El misterio y la locura». Los cuentos presentan varias perspectivas sobre cada tema. Se espera que cada estudiante, teniendo en cuenta estas diversas perspectivas, podrá formar su concepto de una cultura tan variada y compleja.

PARTE UNO

LAS RELACIONES FAMILIARES

Nacemos miembros de una familia y a lo largo de la vida somos miembros de una familia. La hija de hoy será la madre de otra familia mañana... y tal vez abuela en un futuro más remoto. Aunque cambia el papel que hacemos, nuestra existencia está íntimamente vinculada a la de otros miembros de nuestra siempre cambiante familia.

La familia tiene varias formas. Se conoce mejor la familia nuclear, que en las últimas décadas ha predominado en los Estados Unidos. La familia tradicional o extendida, que puede incluir los miembros de varias generaciones, se encuentra con mayor frecuencia entre los hispanos.

En el hogar las personas forman conciencia de quiénes son, de sus relaciones con otras personas y de cómo debe ser su vida. Todos hemos experimentado la felicidad y la tristeza, la paz y los conflictos, las esperanzas y las decepciones de la vida familiar. Por consiguiente, la observación de las relaciones familiares nos ofrece un buen punto de partida para apreciar semejanzas y diferencias entre culturas distintas.

En la literatura pocas son las familias felices. Casi siempre la acción se centra en un conflicto. A través de situaciones conflictivas, sin embargo, llegamos a conocer lo que sería «lo ideal» desde el punto de vista de los personajes. También, cuando conocen la áspera realidad, los personajes revelan aspectos interesantes de su mundo interior.

Los adolescentes pocas veces pueden decidir por sí mismos cómo van a vivir. Viven en un mundo creado y dominado por otros. Aunque a veces su sensibilidad e intuición les permiten entender mejor que sus mayores, los jóvenes frecuentemente se ven limitados a ser víctimas y testigos de acciones que les afectan profundamente. En «Réquiem con tostadas», de Benedetti, el narrador adolescente—hijo de un padre violento—acaba por formarse un ideal del amor familiar y matrimonial.

El dilema de la protagonista de «Rosas artificiales», de García Márquez, arroja luz sobre otro aspecto de la psicología del adolescente. La ilusión que prometen unos amores secretos parece haber mantenido a la joven hasta el día en el que transcurre la acción. Al deshacerse su ilusión, ella entra en conflicto abierto con las personas que la quieren y adopta una conducta contraria a la que parece haberla caracterizado hasta ese momento. El lector tiene que preguntarse por las causas. La vida rutinaria y tediosa que lleva la chica en un pueblo provinciano, ¿es realmente la «causa» de la rebeldía de la joven? ¿Es natural esta rebeldía entre los jóvenes, sin que haya necesidad de tratar de explicarla dentro del contexto cultural específico?

En «No oyes ladrar los perros», de Juan Rulfo, se conoce el conflicto generacional entre padre e hijo en una situación de vida y muerte. En su monólogo el padre revela lo que ha sido su vida como marido y como padre. Aunque se siente tratado injustamente por un hijo que escogió llevar una vida marginal, de criminal, no ha dejado de amar a su hijo. Mezclado con el resentimiento, el rencor y tal vez hasta el odio, perdura el amor paternal. Este sentimiento también une espiritualmente al hombre con su mujer difunta, a quien quiso mucho y con quien compartió la esperanza de una mejor vida para su hijo y para ellos.

«Al correr los años» nos permite abordar las relaciones familiares desde un enfoque filosófico. Unamuno trata de la cuestión de la evolución del amor en un matrimonio a lo largo de los años. La experiencia compartida parece modificar lo que significa el amor entre los cónyuges. Debemos preguntarnos si son los novios que se casan las mismas personas veinte años después. O si siente el novio lo que siente el padre de edad mediana. Y viceversa. ¿Es demasiado «filosófico» y optimista Unamuno cuando interpreta el renovado interés de Juan por el retrato de la joven Juana como un paso más en el perfeccionamiento del amor y del matrimonio monogámico? Tenemos que preguntarnos si su punto de vista es demasiado idealista o si lo tradicional ofrece las mejores promesas de la felicidad.

Finalmente, «El abuelo» de Vargas Llosa nos introduce en un mundo borroso en cuanto a los motivos que determinan las acciones de los personajes. El abuelo está obsesionado con su nieto y con los otros miembros de la familia. Parece que lo han ofendido y que él quiere vengarse. Ser viejo—aun en familia—no es fácil; y el tener dinero y ser miembro de una clase social privilegiada no bastan para sustituir la falta de amor. Además, la vejez trae consigo una creciente preocupación por la muerte. El abuelo en sus acciones revela tanto su propia preocupación por la muerte como su desesperación al creerse maltratado por su familia. La calavera que usa el viejo para asustar a su nieto es, en cierto sentido, la calavera que todos llevamos bajo la piel. La muerte que siempre está presente.

MARIO BENEDETTI

(1920–   )

Benedetti, uruguayo nacido en 1920, es autor de cuentos cortos, novelas y ensayos. Se interesa por la vida cotidiana desde la perspectiva de personajes, como Eduardo en «Réquiem con tostadas», que habitan el mundo gris de la gente humilde y trabajadora de la ciudad de Montevideo. Estos personajes tienen que preocuparse por mantener su dignidad en relación con los demás en una sociedad en la cual les importa y les afecta la opinión ajena. Y al mismo tiempo tienen que ganarse la vida.

La gran capacidad de Benedetti para captar el lenguaje coloquial se nota casi desde el principio del largo monólogo que forma nuestro cuento. Nos produce la impresión de que ocupamos en el café el lugar del antiguo amante de su mamá y estamos *escuchando* contarnos su vida a Eduardo—con el lenguaje propio de un adolescente pobre de trece años que quiere considerarse un adulto. En su breve existencia, después de una infancia tal vez algo feliz, ha visto desarrollarse en su familia todo un drama: conflictos entre miembros de la familia, el alcoholismo del padre, el engaño de la madre, un terrible crimen y el encarcelamiento del padre. Aunque el chico ha conocido de cerca semejantes momentos melodramáticos, no le interesa subrayarlos ni describirlos. Ni siquiera quiere condenar a los que causaron su sufrimiento. Prefiere analizar, a su manera, lo que ha presenciado a fin de encontrarle el sentido a su vida y a la de los miembros de su familia. Hasta parece creer que el ser miembro de una familia como la suya y pensar lo que él piensa le separa de otros miembros de la sociedad. Logra forjar con su lenguaje coloquial un instrumento adecuado para expresar «grandes verdades» en forma conmovedora y con relativa claridad. Pero al mismo tiempo evita usar los clichés que usarían muchas personas mejor instruidas. En este sentido Eduardo dice lo que se repite en un réquiem, pero lo que dice es totalmente suyo, expresión sincera de amor a su madre muerta.

Lectura recomendada: *Montevidianos*, cuentos cortos

CUESTIONARIO

1. ¿Cómo se llama el narrador? ¿Con quién está hablando?

2. ¿Por qué se conocían sólo desde lejos?

3. ¿Por qué razón quería Eduardo hablar con el otro?

4. ¿Por qué hablaban poco Eduardo y su madre?

5. ¿Cómo se portaba su padre en casa?

6. ¿Qué opina Eduardo acerca de la conducta de su padre y de otros como él?

7. ¿Cuáles han sido las consecuencias del alcoholismo del padre para Mirta?

8. ¿De qué manera cambió la madre con el mal trato que le daba su marido?

9. ¿Cómo comenzó el vicio del padre? Según el padre, ¿quién tenía la culpa?

10. ¿Está convencido Eduardo de que la «porquería» era la única o principal causa de los problemas?

11. ¿Qué recuerdos guarda Eduardo de la vida de su familia?

12. Describa el empeoramiento de la condición y de la conducta del padre.

13. ¿Qué esfuerzos hizo Eduardo para proteger a su madre?

14. ¿Qué otros aspectos de la vida de los padres eran problemáticos? ¿Esos problemas influyen en la vida de los huérfanos ahora?

15. Según Eduardo, ¿en qué consistía la superioridad de su madre?

16. ¿Cuándo y por qué empezó a mirar la madre a su hijo de una manera distinta?

17. ¿Por qué le dice Eduardo la verdad sólo al hombre con quien está hablando?

18. ¿Dónde está el padre ahora? ¿Por qué? ¿Lo odia su hijo?

19. ¿Cree Eduardo que en el futuro va a ser igual que su padre?

20. ¿Por qué el padre pudo encontrar a su mujer con el otro hombre? ¿Era responsable del homicidio Eduardo?

21. ¿En qué sentido es un «réquiem» el acto del hijo y del amante de tomar capuchino y tostadas?

RÉQUIEM CON TOSTADAS

Sí, me llamo Eduardo. Usted me lo pregunta para entrar de algún modo en conversación, y eso puedo entenderlo.[1] Pero usted hace mucho que me conoce, aunque de lejos. Como yo lo conozco a usted. Desde la época en que empezó a encontrarse con mi madre en el café de Larrañaga y Rivera,[2] o en éste mismo. No crea que los espiaba. Nada de eso.[3] Usted a lo mejor[4] lo piensa, pero es porque no sabe toda la historia. ¿O acaso mamá se la contó? Hace tiempo que yo tenía ganas de hablar con usted, pero no me atrevía. Así que, después de todo, le agradezco que me haya ganado la mano.[5] ¿Y sabe por qué tenía ganas de hablar con usted? Porque tengo la impresión de que usted es un buen tipo.[6] Y mamá también era buena gente.[7] No hablábamos mucho ella y yo. En casa, o reinaba el silencio, o tenía la palabra mi padre.[8] Pero el Viejo hablaba casi exclusivamente cuando venía borracho, o sea[9] casi todas las noches, y entonces más bien gritaba. Los tres le teníamos miedo: mamá, mi hermanita Mirta y yo. Ahora tengo trece años y medio, y aprendí muchas cosas, entre otras que los tipos[10] que gritan y castigan e insultan son en el fondo unos pobres diablos.[11] Pero entonces yo era mucho más chico y no lo sabía. Mirta no lo sabe siquiera ahora, pero ella es tres años menor que yo, y sé que a veces en las noches se despierta llorando. Es el miedo. ¿Usted alguna vez tuvo miedo? A Mirta siempre le parece

---

[1] I can understand that
[2] café at this intersection
[3] Nothing of the kind.
[4] perhaps
[5] you beat me to it
[6] a good guy
[7] a good person
[8] my father did the talking
[9] that is to say
[10] guys
[11] at bottom are poor devils

que el Viejo va a aparecer borracho y que se va a quitar el cinturón para pegarle. Todavía no se ha acostumbrado a la nueva situación. Yo, en cambio, he tratado de acostumbrarme. Usted apareció hace un año y medio, pero el Viejo se emborrachaba desde hace mucho más,[12] y no bien agarró ese vicio nos empezó a pegar a los tres.[13] A Mirta y a mí nos daba con el cinto, duele bastante, pero a mamá la pegaba con el puño cerrado.[14] Porque sí nomás, sin mayor motivo:[15] porque la sopa estaba demasiado caliente, o porque estaba demasiado fría, o porque no lo había esperado despierta hasta las tres de la madrugada, o porque tenía los ojos hinchados de tanto llorar.[16] Después, con el tiempo,[17] mamá dejó de llorar. Yo no sé cómo hacía, pero él le pegaba, ella ni siquiera se mordía los labios,[18] no lloraba, y eso al Viejo le daba todavía más rabia.[19] Ella era consciente de eso, y sin embargo prefería no llorar. Usted conoció a mamá cuando ella ya había aguantado y sufrido mucho, pero sólo cuatro años antes (me acuerdo perfectamente) todavía era muy linda y tenía buenos colores.[20] Además era una mujer fuerte. Algunas noches, cuando por fin el Viejo caía estrepitosamente y de inmediato empezaba a roncar, entre ella y yo lo levantábamos y lo llevábamos hasta la cama. Era pesadísimo, y además aquello era como levantar un muerto.[21] La que hacía casi toda la fuerza era ella. Yo apenas si me encargaba de sostener una pierna, con el pantalón todo embarrado y el zapato marrón con los cordones sueltos.[22] Usted seguramente creerá que el Viejo toda la vida fue un bruto. Pero no. A papá lo destruyó una porquería[23] que le hicieron. Y se la hizo precisamente un primo de mamá, ése que trabaja en el Municipio. Yo no supe nunca en qué consistió la porquería, pero mamá disculpaba en cierto modo los arranques del Viejo porque ella se sentía un poco responsable de que alguien de su propia familia lo hubiera perjudicado en aquella forma.[24] No supe nunca qué clase de porquería le hizo, pero la verdad era que

---

[12] had been getting drunk for a much longer time
[13] and he no sooner got this vice than he began to beat the three of us
[14] with his fist
[15] just because, without any reason
[16] from so much crying
[17] in time
[18] she didn't even bite her lip
[19] and that made the old man even angrier
[20] she had a healthy complexion
[21] that was like lifting a dead man
[22] with loose shoelaces
[23] a dirty trick
[24] in that way

papá, cada vez que se emborrachaba, se lo reprochaba como si ella fuese la única culpable.[25] Antes de la porquería, nosotros vivíamos muy bien. No en cuanto a plata, porque tanto yo como mi hermana[26] nacimos en el mismo apartamento (casi un conventillo) junto a Villa Dolores, el sueldo de papá nunca alcanzó para nada,[27] y mamá siempre tuvo que hacer milagros para darnos de comer y comprarnos de vez en cuando alguna tricota o algún par de alpargatas. Hubo muchos días en que pasamos hambre (si viera qué feo es pasar hambre), pero en esa época por lo menos había paz.[28] El Viejo no se emborrachaba, ni nos pegaba, y a veces hasta nos llevaba a la matinée. Algún raro domingo en que había plata. Yo creo que ellos nunca se quisieron demasiado. Eran muy distintos. Aun antes de la porquería, cuando papá todavía no tomaba, ya era un tipo bastante alunado.[29] A veces se levantaba al mediodía y no le hablaba a nadie, pero por lo menos no nos pegaba ni la insultaba a mamá. Ojalá hubiera seguido así toda la vida. Claro que[30] después vino la porquería y él se derrumbó,[31] y empezó a ir al boliche y a llegar siempre después de medianoche, con un olor a grapa que apestaba. En los últimos tiempos todavía era peor, porque también se emborrachaba de día y ni siquiera nos dejaba ese respiro. Estoy seguro de que los vecinos escuchaban todos los gritos, pero nadie decía nada, claro, porque papá es un hombre grandote y le tenían miedo. También yo le tenía miedo, no sólo por mí y por Mirta, sino especialmente por mamá. A veces yo no iba a la escuela, no para hacer la rabona, sino para quedarme rondando la casa,[32] ya siempre temía que el Viejo llegara durante el día, más borracho que de costumbre, y la moliera a golpes.[33] Yo no la podía defender, usted ve lo flaco y menudo que soy, y todavía entonces lo era más,[34] pero quería estar cerca para avisar a la policía. ¿Usted se enteró de que ni papá ni mamá eran de ese ambiente[35]? Mis abuelos de uno y otro lado, no diré que tienen plata, pero por lo menos viven en lugares decentes, con balcones a

---

[25] and he would reproach her as if she were the only one to blame

[26] both I and my sister

[27] never amounted to much of anything

[28] it was peaceful

[29] he was already a guy with a crazy streak

[30] Of course

[31] he went downhill

[32] not to play hooky, but to patrol around the house

[33] and he would beat her up

[34] and at that time I was still more so

[35] from around here

la calle y cuartos de baño con bidet y bañera. Después que pasó todo, Mirta se fue a vivir con mi abuela Juana, la madre de papá, y yo estoy por ahora[36] en casa de mi abuela Blanca, la madre de mamá. Ahora casi se pelearon por recogernos, pero cuando papá y mamá se casaron, ellas se habían opuesto a ese matrimonio (ahora pienso que a lo mejor tenían razón) y cortaron las relaciones con nosotros. Digo nosotros, porque papá y mamá se casaron cuando yo ya tenía seis meses. Eso me lo contaron una vez en la escuela, y yo le revienté la nariz al Beto,[37] pero cuando se lo pregunté a mamá,[38] ella me dijo que era cierto. Bueno, yo tenía ganas de hablar con usted, porque (no sé qué cara va a poner)[39] usted fue importante para mí, sencillamente porque fue importante para mamá. Yo la quise bastante, como es natural, pero creo que nunca pude decírselo. Teníamos siempre tanto miedo, que no nos quedaba tiempo para mimos. Sin embargo, cuando ella no me veía, yo la miraba y sentía no sé qué, algo así como[40] una emoción que no era lástima, sino una mezcla de cariño y también de rabia por verla todavía joven y tan acabada, tan agobiada por una culpa que no era la suya, y por un castigo que no se merecía. Usted a lo mejor se dio cuenta, pero yo le aseguro que mi madre era inteligente, por cierto bastante más que mi padre, creo,[41] y eso era para mí lo peor: saber que ella veía esa vida horrible con los ojos bien abiertos, porque ni la miseria ni los golpes ni siquiera el hambre consiguieron nunca embrutecerla. La ponían triste, eso sí. A veces se le formaban unas ojeras casi azules, pero se enojaba cuando yo le preguntaba si le pasaba algo. En realidad, se hacía la enojada.[42] Nunca la vi realmente mala conmigo. Ni con nadie. Pero antes de que usted apareciera, yo había notado que cada vez estaba más deprimida,[43] más apagada, más sola. Tal vez fue por eso que pude notar mejor la diferencia. Además, una noche llegó un poco tarde (aunque siempre mucho antes que papá) y me miró de una manera distinta, tan distinta que me di cuenta de que algo sucedía. Como si por primera vez se enterara de que yo era capaz de comprenderla. Me abrazó fuerte, como con vergüenza, y después

---

[36] for the time being
[37] nickname for Roberto
[38] I asked Mama about it
[39] I don't know how you are going to take this

[40] something like
[41] certainly quite a bit more so than my father, I think
[42] she pretended to be angry
[43] she was more and more depressed

me sonrió. ¿Usted se acuerda de su sonrisa? Yo sí me acuerdo. A mí me preocupó tanto ese cambio, que falté dos o tres veces al trabajo (en los últimos tiempos hacía el reparto de un almacén) para seguirla y saber de qué se trataba. Fue entonces que los vi. A usted y a ella. Yo también me quedé contento. La gente puede pensar que soy un desalmado, y quizá no esté bien eso de haberme alegrado porque mi madre engañaba a mi padre. Puede pensarlo. Por eso nunca lo digo. Con usted es distinto. Usted la quería. Y eso para mí fue algo así como una suerte. Porque ella se merecía que la quisieran. Usted la quería, ¿verdad que sí?[44] Yo los vi muchas veces y estoy casi seguro. Claro que al Viejo también trato de comprenderlo. Es difícil, pero trato. Nunca lo pude odiar, ¿me entiende? Será porque, pese a lo que hizo, sigue siendo mi padre. Cuando nos pegaba, a Mirta y a mí, o cuando arremetía contra mamá, en medio de mi terror yo sentía lástima. Lástima por él, por ella, por Mirta, por mí. También la siento ahora, ahora que él ha matado a mamá y quién sabe por cuánto tiempo estará preso. Al principio, no quería que yo fuese,[45] pero hace por lo menos un mes que voy a visitarlo a Miguelete[46] y acepta verme. Me resulta extraño verlo al natural,[47] quiero decir sin encontrarlo borracho. Me mira, y la mayoría de las veces no me dice nada. Yo creo que cuando salga, ya no me va a pegar. Además, yo seré un hombre, a lo mejor me habré casado y hasta tendré hijos. Pero a mis hijos no les pegaré, ¿no le parece? Además, estoy seguro de que papá no habría hecho lo que hizo si no hubiese[48] estado tan borracho. ¿O usted cree lo contrario? ¿Usted cree que, de todos modos, hubiera matado a mamá esa tarde en que, por seguirme y castigarme a mí, dio finalmente con ustedes dos?[49] No me parece. Fíjese que a usted no le hizo nada. Sólo más tarde, cuando tomó más grapa que de costumbre, fue que arremetió contra mamá. Yo pienso que, en otras condiciones, él habría comprendido que mamá necesitaba cariño, necesitaba simpatía, y que él en cambio sólo le había dado golpes. Porque mamá era buena. Usted debe saberlo tan bien como yo. Por eso, hace un rato, cuando usted se me acercó y me invitó a tomar un capuchino[50] con tostadas, aquí en el mismo café donde

---

[44] Right?
[45] fuera
[46] name of prison
[47] in his natural state

[48] hubiera
[49] he finally came upon the two of you
[50] beverage combining expresso coffee, hot milk, and cinnamon

se citaba con ella, yo sentí que tenía que contarle todo esto. A lo mejor usted no lo sabía, o sólo sabía una parte, porque mamá era muy callada y sobre todo no le gustaba hablar de sí misma. Ahora estoy seguro de que hice bien. Porque usted está llorando, y, ya que mamá está muerta, eso es algo así como un premio para ella, que no lloraba nunca.

LA VIVENCIA

1. ¿Son individuales o familiares los problemas del alcoholismo? ¿Cuáles son algunas de las causas? ¿los efectos? ¿La acción del cuento es una representación verosímil de los problemas?

2. Las opiniones de otros influyen poderosamente en el concepto que las personas se forman de sí mismas y en sus acciones. Eduardo tiene miedo de expresar francamente su opinión acerca de los amores de su madre con el otro hombre. El padre mata a su mujer al saber que le es infiel. ¿Esta manera de portarse es exclusivamente «hispánica» y «mediterránea», o es universal?

3. Los sentimientos nunca son sencillos, sino complejos, ambiguos y ambivalentes. ¿Pueden señalarse contradicciones en las actitudes y opiniones expresadas por Eduardo? ¿Es más difícil para él entender lo que pasó porque él mismo participó en la acción, es decir, que no es un narrador desapasionado?

4. A Eduardo le importa conocer de cerca a un hombre que trató bien a su madre, a quien había querido mucho. ¿Qué problema psicológico está intentando resolver al conocerlo?

PERSPECTIVAS LITERARIAS

1. La historia de su madre le interesa intensamente a Eduardo. También le importa mucho conocer al amante. ¿Retrata él bien a estos personajes o se retrata mejor a sí mismo? ¿En qué medida son estos personajes invención suya? ¿Es necesario que los personajes de las historias que narramos sean siempre un poco extraordinarios?

2. La historia que cuenta Benedetti es bastante trillada, un cliché de la vida real y de la literatura. ¿Podría contar esta misma historia un narrador impersonal, con descripciones, diálogos y comentario moral? En este caso, ¿sería mejor o peor el cuento? Explique.

3. Como se trata de un monólogo en un café, al autor le pareció importante que lo dicho pareciera espontáneo y que el lenguaje pareciera «hablado». ¿Cuáles son algunos momentos de la narración del cuento en que se nota esta preocupación del autor? ¿en vocabulario? ¿en expresiones coloquiales? ¿en la manera de indicar la presencia de la segunda persona callada? ¿en digresiones? ¿en asociaciones de ideas? ¿en oraciones fragmentadas? Dé ejemplos específicos.

GABRIEL GARCÍA MÁRQUEZ

(1928–   )

García Márquez, colombiano, recibió el Premio Nobel de la literatura en 1982 y es uno de los escritores hispanoamericanos mejor conocidos. Y la traducción al inglés de su obra maestra *Cien años de soledad* sigue siendo una de las novelas más leídas en los Estados Unidos. Pasó los primeros años de su niñez en Aracataca, en la costa colombiana, donde asimiló las leyendas y mitos que le contaba su abuelo. Estas materias y sus observaciones sobre esta región, donde casi no existe frontera entre la realidad y lo fantástico, le sirvieron más tarde como punto de partida para la invención de Macondo, escenario de cuentos y de novelas. Aunque muchos lectores identifican a García Márquez exclusivamente con el mundo de Macondo, él ha trabajado a lo largo de su vida como periodista. Con *El otoño del patriarca* (1975) cambió de rumbo como novelista, ensayándose en lo que es casi un género aparte en la literatura hispanoamericana: la novela del dictador.

«Rosas artificiales», la selección que aparece aquí, funciona a varios niveles. La anécdota es bastante obvia: a una chica, Mina, la ha abandonado su novio que por mucho tiempo estuvo escribiéndole cartas. Parece que de estas relaciones dependían todas sus esperanzas. Pero las acciones de Mina—que este día rompe con sus rutinas—y la intensa observación de todas sus acciones por sus familiares, madre y abuela, sirven para poner en marcha un complicado «juego» psicológico. Al mismo tiempo, García Márquez emplea unas alusiones religiosas que posiblemente pueden interpretarse simbólicamente. Y el papel de adivina de la abuela ciega nos recuerda el de otros ciegos clarividentes de la literatura y del folklore. Tampoco falta el contexto social: lo que es y será la vida de una pobre chica abandonada por su novio en un pueblo; es

19

decir, su inevitable futuro de soltera, una vida parecida a la de su amiga Trinidad.

Lectura recomendada: *Los funerales de la Mamá Grande,* cuentos

CUESTIONARIO

1. Al levantarse, ¿qué se pone Mina? ¿Cuándo llevó el vestido por última vez? ¿Qué le falta al vestido?

2. ¿Por qué tiene que buscar silenciosamente?

3. ¿Por qué se enoja con su abuela? ¿Cómo es la abuela?

4. ¿Por qué necesita urgentemente las mangas?

5. ¿Cuándo salió de casa Mina? ¿Cuánto tiempo estuvo afuera?

6. Según Mina, ¿por qué volvió a casa? ¿Parece razonable esta excusa?

7. ¿Por qué le importan a Mina la «mirada clarividente» y las palabras de la abuela ciega?

8. ¿Mina miente a su madre cuando le dice que la abuela tiene la culpa? ¿Qué palabras de la abuela indican que ésta sabe que su nieta miente o, a lo menos, no dice la verdad entera?

9. ¿Por qué dice la abuela que está loca? ¿Por qué da excusas cuando la madre le hace preguntas a Mina?

10. ¿Qué hace Mina en su habitación?

11. ¿Por qué importa el hecho de que Mina tire las cartas al excusado?

12. ¿A qué hora se pone a trabajar Mina? Describa su trabajo.

13. ¿Quién es Trinidad? ¿Cómo es?

14. ¿Qué le cuenta Mina a Trinidad?

15. ¿Por qué se le cayeron a Trinidad las tijeras en el regazo?

16. ¿Por qué atormenta Mina a su abuela con las preguntas acerca de los ratones?

17. ¿Por qué no le gusta a la abuela que la nieta les cuente sus secretos a extraños?

18. ¿Por qué pasa Mina las manos ante los ojos de la abuela?

19. ¿Por qué entiende la abuela tan perfectamente la historia de los amores secretos de Mina?

20. ¿Qué palabras de la abuela indican que lo sabe todo? ¿Qué cree Mina al darse cuenta de que su abuela lo sabe todo?

21. ¿Por qué le importa a la abuela la vulgaridad que dice Mina?

22. Las últimas palabras de la abuela son sarcásticas. ¿Quiénes son las locas? ¿La loca?

ROSAS ARTIFICIALES

Moviéndose a tientas[1] en la penumbra del amanecer, Mina se puso el vestido sin mangas que la noche anterior había colgado junto a la cama, y revolvió el baúl en busca de las mangas postizas. Las buscó después en los clavos de las paredes y detrás de las puertas, procurando no hacer ruido para no despertar a la abuela ciega que dormía en el mismo cuarto. Pero cuando se acostumbró a la oscuridad, se dio cuenta de que la abuela se había levantado y fue a la cocina a preguntarle por las mangas.

—Están en el baño—dijo la ciega. —Las lavé ayer tarde.

Allí estaban, colgadas de un alambre con dos prendedores de madera.[2] Todavía estaban húmedas. Mina volvió a la cocina y extendió las mangas sobre las piedras de la hornilla.[3] Frente a ella, la ciega revolvía el café, fijas las pupilas muertas en el reborde de ladrillos del corredor,[4] donde había una hilera de tiestos[5] con hierbas medicinales.

—No vuelvas a coger mis cosas—dijo Mina. —En estos días no se puede contar con el sol.

La ciega movió el rostro hacia la voz.

—Se me había olvidado que era el primer viernes[6]—dijo.

Después de comprobar con una aspiración profunda que ya estaba el café,[7] retiró la olla del fogón.

—Pon un papel debajo, porque esas piedras están sucias—dijo.

Mina restregó el índice contra las piedras de la hornilla. Es-

---

[1] gropingly
[2] wooden clothespins
[3] charcoal grate
[4] her dead pupils fixed on the porch's brick border
[5] a row of flowerpots
[6] an allusion to the practice of taking communion on nine successive "first Fridays" to gain salvation
[7] the coffee was ready

taban sucias, pero de una costra de hollín apelmazado[8] que no ensuciaría las mangas si no se frotaban contra las piedras.

—Si se ensucian tú eres la responsable—dijo.

La ciega se había servido una taza de café.

—Tienes rabia—dijo, rodando un asiento hacia el corredor.

—Es sacrilegio comulgar cuando se tiene rabia.

Se sentó a tomar el café frente a las rosas del patio. Cuando sonó el tercer toque[9] para misa, Mina retiró las mangas de la hornilla, y todavía estaban húmedas. Pero se las puso. El padre Ángel no le daría la comunión con un vestido de hombros descubiertos.[10] No se lavó la cara. Se quitó con una toalla los restos del colorete, recogió en el cuarto el libro de oraciones y la mantilla, y salió a la calle. Un cuarto de hora después estaba de regreso.[11]

—Vas a llegar después del evangelio—dijo la ciega, sentada frente a las rosas del patio.

Mina pasó directamente al excusado.

—No puedo ir a misa—dijo. —Las mangas están mojadas y toda mi ropa sin planchar.[12]

Se sintió perseguida por una mirada clarividente.

—Primer viernes y no vas a misa—dijo la ciega.

De vuelta del excusado,[13] Mina se sirvió una taza de café y se sentó contra el quicio de cal,[14] junto a la ciega. Pero no pudo tomar el café.

—Tú tienes la culpa—murmuró, con un rencor sordo, sintiendo que se ahogaba en lágrimas.

—Estás llorando—exclamó la ciega.

Puso el tarro de regar[15] junto a las macetas de orégano y salió al patio, repitiendo:

—Estás llorando.

Mina puso la taza en el suelo antes de incorporarse.

—Lloro de rabia—dijo. Y agregó al pasar junto a la abuela:

—Tienes que confesarte, porque me hiciste perder la comunión del primer viernes.

La ciega permaneció inmóvil esperando que Mina cerrara la puerta del dormitorio. Luego caminó hasta el extremo del corredor.

---

[8] a crust of hardened soot
[9] ringing of church bell
[10] a sleeveless dress
[11] she was back

[12] unironed
[13] After returning from the latrine
[14] whitewashed doorjamb
[15] watering can

Se inclinó, tanteando, hasta encontrar en el suelo la taza intacta. Mientras vertía el café en la olla de barro, siguió diciendo:

—Dios sabe que tengo la conciencia tranquila.[16]

La madre de Mina salió del dormitorio.

—¿Con quién hablas?—preguntó.

—Con nadie—dijo la ciega. —Ya te he dicho que me estoy volviendo loca.

Encerrada en su cuarto, Mina desabotonó el corpiño y sacó tres llavecitas que llevaba prendidas con un alfiler de nodriza.[17] Con una de las llaves abrió la gaveta inferior del armario y extrajo un baúl de madera en miniatura. Lo abrió con otra llave. Adentro había un paquete de cartas en papeles de color, atadas con una cinta elástica. Se las guardó en el corpiño, puso el baulito en su puesto y volvió a cerrar la gaveta con llave. Después fue al excusado y echó las cartas en el fondo.

—Te hacía en misa[18]—le dijo la madre.

—No pudo ir—intervino la ciega. —Se me olvidó que era primer viernes y lavé las mangas ayer tarde.

—Todavía están húmedas—murmuró Mina.

—Ha tenido que trabajar mucho en estos días—dijo la ciega.

—Son ciento cincuenta docenas de rosas que tengo que entregar en la Pascua[19]—dijo Mina.

El sol calentó temprano. Antes de las siete, Mina instaló en la sala su taller de rosas artificiales:[20] una cesta llena de pétalos y alambres, un cajón de papel elástico,[21] dos pares de tijeras, un rollo de hilo y un frasco de goma. Un momento después llegó Trinidad, con su caja de cartón bajo el brazo, a preguntarle por qué no había ido a misa.

—No tenía mangas—dijo Mina.

—Cualquiera hubiera podido prestártelas—dijo Trinidad.

Rodó una silla para sentarse junto al canasto de pétalos.

—Se me hizo tarde[22]—dijo Mina.

Terminó una rosa. Después acercó el canasto para rizar los pétalos con las tijeras. Trinidad puso la caja de cartón en el suelo e

---

[16] I have a clear conscience
[17] she took out three little keys she had tied to it with a safety pin
[18] I supposed you were at Mass
[19] at Easter
[20] her workshop for making artificial roses
[21] crepe paper
[22] It got to be too late

intervino en la labor.

Mina observó la caja.

—¿Compraste zapatos?—preguntó.

—Son ratones muertos—dijo Trinidad.

Como Trinidad era experta en el rizado de pétalos, Mina se dedicó a fabricar tallos de alambre forrados en papel verde. Trabajaron en silencio sin advertir el sol[23] que avanzaba en la sala decorada con cuadros idílicos y fotografías familiares. Cuando terminó los tallos, Mina volvió hacia Trinidad un rostro que parecía acabado en algo inmaterial.[24] Trinidad rizaba con admirable pulcritud, moviendo apenas la punta de los dedos, las piernas muy juntas.[25] Mina observó sus zapatos masculinos. Trinidad eludió la mirada, sin levantar la cabeza, apenas arrastrando los pies hacia atrás e interrumpió el trabajo.

—¿Qué pasó?—dijo.

Mina se inclinó hacia ella.

—Que se fue—dijo.

Trinidad soltó las tijeras en el regazo.

—No.

—Se fue—repitió Mina.

Trinidad la miró sin parpadear. Una arruga vertical dividió sus cejas encontradas.[26]

—¿Y ahora?—preguntó.

Mina respondió sin temblor en la voz.

—Ahora, nada.

Trinidad se despidió antes de las diez.

Liberada del peso de su intimidad,[27] Mina la retuvo un momento, para echar los ratones muertos en el excusado. La ciega estaba podando el rosal.

—A que[28] no sabes qué llevo en esta caja—le dijo Mina al pasar.

Hizo sonar los ratones.

La ciega puso atención.

—Muévela otra vez—dijo.

Mina repitió el movimiento, pero la ciega no pudo identificar

---

[23] sunlight
[24] a face that seemed consumed by something nonmaterial (spiritual)
[25] her legs close together

[26] eyebrows grown together
[27] Feeling free of the secret that had been weighing on her
[28] I'll bet

los objetos, después de escuchar por tercera vez con el índice apoyado en el lóbulo de la oreja.

—Son los ratones que cayeron anoche en las trampas de la iglesia—dijo Mina.

Al regreso[29] pasó junto a la ciega sin hablar. Pero la ciega la siguió. Cuando llegó a la sala, Mina estaba sola junto a la ventana cerrada, terminando las rosas artificiales.

—Mina—dijo la ciega. —Si quieres ser feliz, no te confieses con extraños.[30]

Mina la miró sin hablar. La ciega ocupó la silla frente a ella e intentó intervenir en el trabajo. Pero Mina se lo impidió.

—Estás nerviosa—dijo la ciega.

—Por tu culpa—dijo Mina.

—¿Por qué no fuiste a misa?—preguntó la ciega.

—Tú lo sabes mejor que nadie.

—Si hubiera sido por las mangas no te hubieras tomado el trabajo de salir de la casa[31]—dijo la ciega. —En el camino te esperaba alguien que ocasionó una contrariedad.[32]

Mina pasó las manos frente a los ojos de la abuela, como limpiando un cristal invisible.

—Eres adivina—dijo.

Has ido al excusado dos veces esta mañana—dijo la ciega. —Nunca vas más de una vez.

Mina siguió haciendo rosas.

—¿Serías capaz de mostrarme lo que guardas en la gaveta del armario?—preguntó la ciega.

Sin apresurarse Mina clavó la rosa en el marco de la ventana, se sacó las tres llavecitas del corpiño y se las puso a la ciega en la mano. Ella misma le cerró los dedos.[33]

—Anda a verlo con tus propios ojos—dijo.

La ciega examinó las llavecitas con las puntas de los dedos.

—Mis ojos no pueden ver en el fondo del excusado.

Mina levantó la cabeza y entonces experimentó una sensación diferente: sintió que la ciega sabía que la estaba mirando.

---

[29] On her way back
[30] don't tell your secrets to strangers
[31] you wouldn't have bothered to leave the house
[32] who caused you annoyance
[33] her hand

—Tírate al fondo[34] del excusado si te interesan tanto mis cosas—dijo.

La ciega evadió[35] la interrupción.

—Siempre escribes en la cama hasta la madrugada—dijo.

—Tú misma apagas la luz—dijo Mina.

—Y en seguida tú enciendes la linterna de mano[36]—dijo la ciega. —Por tu respiración podría decirte entonces lo que estás escribiendo.

Mina hizo un esfuerzo para no alterarse.

—Bueno—dijo sin levantar la cabeza. —Y suponiendo que así sea: ¿qué tiene eso de particular?[37]

—Nada—respondió la ciega. —Sólo que te hizo perder la comunión del primer viernes.

Mina recogió con las dos manos el rollo de hilo, las tijeras y un puñado de tallos y rosas sin terminar. Puso todo dentro de la canasta y encaró a la ciega.

—¿Quieres entonces que te diga qué fui a hacer al excusado?— preguntó. Las dos permanecieron en suspenso, hasta cuando Mina respondió a su propia pregunta: —Fui a cagar.

La ciega tiró en el canasto las tres llavecitas.

—Sería una buena excusa—murmuró, dirigiéndose a la cocina.

—Me habrías convencido si no fuera la primera vez en tu vida que te oigo decir una vulgaridad.[38]

La madre de Mina venía por el corredor en sentido contrario, cargada de ramos espinosos.

—¿Qué es lo que pasa?—preguntó.

—Que estoy loca—dijo la ciega. —Pero por lo visto[39] no piensan mandarme para el manicomio[40] mientras no empiece a tirar piedras.

---

[34] Go throw yourself into the bottom
[35] ignored
[36] flashlight
[37] What's so unusual about that?

[38] crude, coarse word
[39] apparently
[40] madhouse

LA VIVENCIA

1. El mundo que habitan los personajes de «Rosas artificiales» es de horizonte muy limitado. ¿Ofrecen la familia y la iglesia ilusiones e ideales a las jóvenes? ¿En dónde encuentran estas jóvenes la ilusión? ¿En semejantes circunstancias es inevitable que surja un conflicto entre las generaciones?

2. ¿Qué significa no casarse para una joven como Mina? ¿Cómo será su futuro sin marido? ¿Es Trinidad una solterona típica? ¿En qué detalles específicos se nota su falta de esperanza?

3. El escritor francés Jean-Paul Sartre dijo en un drama famoso que el infierno son los otros. Las confrontaciones entre Mina y su abuela parecen ilustrar el concepto de Sartre. Explique en qué sentido la abuela convierte en un infierno la vida de Mina. En su opinión, ¿tiene la abuela dotes sobrenaturales como adivina o es sencillamente una mujer que conoce muy bien la vida y puede reconocer «los síntomas típicos» en el «caso» de su nieta?

PERSPECTIVAS LITERARIAS

1. En el cuento Mina y Trinidad fabrican rosas artificiales; en cambio las mujeres mayores (madre y abuela) cultivan rosas reales, con espinas, en el corredor de su casa. ¿Son las rosas un símbolo? Los poetas llevan siglos comparando a las mujeres jóvenes con las rosas frágiles. ¿Piensa en esto García Márquez? ¿O representan las verdaderas rosas la consolación que viene después de la desilusión? ¿Importa que las rosas artificiales sean para la iglesia?

2. Muchos escritores preferirían escribir acerca de la aventura de Mina *con* su amante misterioso. Y un cuento de esa clase podría terminar melodramáticamente cuando se rompen las relaciones y la joven se desilusiona. García Márquez ha preferido tratar del «día después». Si no desarrolla una culminación melodramática, ¿cómo organiza su cuento para conseguir un impacto fuerte en sus lectores?

JUAN RULFO

(1918–1985)

La obra de Juan Rulfo, cuentista y novelista mexicano, se ha traducido a varios idiomas—entre ellos el inglés, el francés y el alemán.
Nacido durante la época de grandes cambios revolucionarios en
México, quedó huérfano de ambos padres a los diez años y conoció íntimamente la pobreza. Aunque comenzó a estudiar leyes,
abandonó sus estudios al quitarle un pariente todo apoyo económico. Rulfo pasó muchos años en puestos burocráticos donde se
hizo amigo de otros dedicados a la creación literaria. Más tarde
trabajó en Guadalajara como publicista en Televicentro, estación
emisora de televisión patrocinada por el gobierno. Su tomo de
cuentos, *El llano en llamas*, y su novela, *Pedro Páramo*, han gozado
de gran popularidad. En sus últimos años siguió escribiendo, pero
sin publicar. Carlos Fuentes y Gabriel García Márquez prepararon
el guión para la película «El gallo de oro» (1964), a base de una
novela inédita de Rulfo del mismo título.

Admirador de James Joyce y de William Faulkner, entre otros
europeos y norteamericanos, Rulfo supo armonizar las lecciones
que aprendiera en tales modelos con su afán de profundizar en la
experiencia de los campesinos de su estado nativo de Jalisco, en el
centro de México. Aunque dotado de talento para captar la realidad exterior con la cámara fotográfica, en «No oyes ladrar los
perros» Rulfo incluye pocas imágenes visuales. Las pocas que sí
incluye le bastan al lector para formarse una idea clara del terreno
árido que atraviesa la figura solitaria que forma el padre que lleva
a espaldas a su hijo herido. Semejante a nuestra experiencia con el
paisaje—Rulfo le exige al lector su cooperación en la recreación
imaginaria del paisaje—es nuestra experiencia con las circuns-

tancias que dieron comienzo a la acción y las relaciones personales entre los personajes. El laconismo patético del padre, primero, y sus discursos casi de juez o de dios vengador después, lo dicen todo. Llegamos a conocer dos vidas muy distintas, pero íntimamente ligadas la una con la otra. La pareja recuerda los antagonismos entre padres e hijos que habitan el fondo de la inconsciencia individual y colectiva y que también forman parte de nuestra herencia cultural.

Lecturas recomendadas: «Macario» y «Nos han dado la tierra», de *El llano en llamas*

CUESTIONARIO

1. ¿Por qué le dice el padre al hijo «tú que vas allá arriba»?

2. ¿Por qué les importa ver luz y oír perros?

3. Describa el paisaje y los efectos de la luz de la luna.

4. ¿Están desorientados exclusivamente dentro de la dimensión espacial el padre y su hijo? ¿Qué otra clase de desorientación padecen?

5. ¿Cómo había logrado el padre subir a su hijo a sus espaldas? Si lo bajara, ¿podría levantarlo de nuevo?

6. ¿Por qué se supone que la condición del hijo es seria?

7. ¿No ve el padre a causa de la luz brillante de la luna?

8. ¿Por qué razones se niega el padre a bajar al hijo?

9. De repente el padre comienza a emplear «usted» en vez de «tú» al dirigirse a su hijo. ¿Por qué?

10. ¿Cómo han sido las relaciones entre padre e hijo hasta ahora?

11. ¿Qué clase de vida ha llevado el hijo hasta ahora?

12. ¿Es optimista el padre con respecto al futuro de su hijo? ¿Y su propio futuro?

13. ¿Por qué se acuerda el padre de la infancia de su hijo?

14. ¿Afectan al hijo las quejas del padre? ¿Por qué cree que su hijo se ha arrepentido?

15. Según el padre, ¿era Ignacio distinto a sus amigos? ¿Tenía él motivo para pensar en su padre cuando andaba con los otros bandoleros?

16. Cuando llegaron a Tonaya, ¿estaba vivo o muerto Ignacio?

NO OYES LADRAR
LOS PERROS

—Tú que vas allá arriba,[1] Ignacio, dime si no oyes alguna señal de algo o si ves alguna luz en alguna parte.

—No se ve nada.

—Ya debemos estar cerca.

—Sí, pero no se oye nada.

—Mira bien.

—No se ve nada.

—Pobre de ti,[2] Ignacio.

La sombra larga y negra de los hombres siguió moviéndose de arriba abajo,[3] trepándose a las piedras, disminuyendo y creciendo según avanzaba por la orilla del arroyo. Era una sola sombra, tambaleante.

La luna venía saliendo de la tierra, como una llamarada redonda.

—Ya debemos estar llegando a ese pueblo, Ignacio. Tú que llevas las orejas de fuera,[4] fíjate a ver si[5] no oyes ladrar los perros. Acuérdate que nos dijeron que Tonaya estaba detrasito[6] del monte. Y desde qué horas que hemos dejado el monte.[7] Acuérdate, Ignacio.

—Sí, pero no veo rastro de nada.

—Me estoy cansando.

—Bájame.

El viejo se fue reculando hasta encontrarse con el paredón y se

---

[1] You who are riding up there
[2] Poor you
[3] kept moving up and down
[4] You who have your ears free (to hear)
[5] try to see whether
[6] right behind
[7] And we left the hill behind hours ago.

recargó allí,[8] sin soltar la carga de sus hombros. Aunque se le doblaban las piernas,[9] no quería sentarse, porque después no hubiera podido levantar el cuerpo de su hijo, al que allá atrás, horas antes, le habían ayudado a echárselo a la espalda.[10] Y así lo había traído desde entonces.

—¿Cómo te sientes?

—Mal.

Hablaba poco. Cada vez menos.[11] En ratos parecía dormir. En ratos parecía tener frío. Temblaba. Sabía cuándo le agarraba a su hijo el temblor por las sacudidas que le daba, y porque los pies se le encajaban en los ijares como espuelas.[12] Luego las manos del hijo, que traía trabadas en su pescuezo,[13] le zarandeaban la cabeza como si fuera una sonaja.

Él apretaba los dientes para no morderse la lengua y cuando acababa aquello le preguntaba:

—¿Te duele mucho?

—Algo—contestaba él.

Primero le había dicho: «Apéame aquí...[14] Déjame aquí... Vete tú solo. Yo te alcanzaré mañana o en cuanto me reponga un poco.» Se lo había dicho como cincuenta veces. Ahora ni siquiera eso decía.

Allí estaba la luna. Enfrente de ellos. Una luna grande y colorada que les llenaba de luz los ojos y que estiraba y oscurecía más su sombra sobre la tierra.

—No veo ya por dónde voy—decía él.

Pero nadie le contestaba. El otro iba allá arriba, todo iluminado por la luna, con su cara descolorida, sin sangre, reflejando una luz opaca. Y él acá abajo.

—¿Me oíste, Ignacio? Te digo que no veo bien.

Y el otro se quedaba callado.

Siguió caminando, a tropezones.[15] Encogía el cuerpo y luego se enderezaba para volver a tropezar de nuevo.

—Éste no es ningún camino.[16] Nos dijeron que detrás del cerro

---

[8] the old man backed up to the wall and shifted his load
[9] Although his legs were buckling (under the weight)
[10] to load him on his back
[11] Less and less.

[12] because his feet dug into his loins like spurs
[13] that were locked around his neck
[14] Let me down here
[15] by fits and starts
[16] this is not the way (the road)

estaba Tonaya. Ya hemos pasado el cerro. Y Tonaya no se ve, ni se oye ningún ruido que nos diga que está cerca. ¿Por qué no quieres decirme qué ves, tú que vas allá arriba, Ignacio?

—Bájame, padre.

—¿Te sientes mal?

—Sí.

—Te llevaré a Tonaya a como dé lugar.[17] Allí encontraré quien te cuide. Dicen que allí hay un doctor. Yo te llevaré con él. Te he traído cargando[18] desde hace horas y no te dejaré tirado aquí para que acaben contigo quienes sean.

Se tambaleó un poco. Dio dos o tres pasos de lado y volvió a enderezarse.

—Te llevaré a Tonaya.

—Bájame.

Su voz se hizo quedita, apenas murmurada:

—Quiero acostarme un rato.

—Duérmete allí arriba. Al cabo te llevo bien agarrado.[19]

La luna iba subiendo, casi azul, sobre un cielo claro. La cara del viejo, mojada en sudor, se llenó de luz. Escondió los ojos para no mirar de frente, ya que no podía agachar la cabeza agarrotada entre las manos de su hijo.

—Todo esto que hago, no lo hago por usted. Lo hago por su difunta madre. Porque usted fue su hijo. Por eso lo hago. Ella me reconvendría si yo lo hubiera dejado tirado allí, donde lo encontré, y no lo hubiera recogido para llevarlo a que lo curen, como estoy haciéndolo.[20] Es ella la que me da ánimos, no usted. Comenzando porque a usted no le debo más que puras dificultades, puras mortificaciones, puras vergüenzas.

Sudaba al hablar. Pero el viento de la noche le secaba el sudor. Y sobre el sudor seco, volvía a sudar.

—Me derrengaré, pero llegaré con usted a Tonaya, para que le alivien esas heridas que le han hecho. Y estoy seguro de que, en cuanto se sienta usted bien, volverá a sus malos pasos.[21] Eso ya no me importa. Con tal que se vaya lejos, donde yo no vuelva a saber de usted. Con tal de eso... Porque para mí usted ya no es mi hijo. He maldecido la sangre que usted tiene de mí. La parte que a mí

---

[17] no matter what
[18] I have been lugging you
[19] After all, I've got a good grip on you.

[20] as I am doing
[21] you will return to your evil ways

me tocaba la he maldecido. He dicho: «¡Qué se le pudra en los riñones la sangre que yo le di!» Lo dije desde que supe que usted andaba trajinando por los caminos,[22] viviendo del robo y matando gente... Y gente buena. Y si no, allí está mi compadre Tranquilino. El que lo bautizó a usted. El que le dio su nombre. A él también le tocó la mala suerte de encontrarse con usted.[23] Desde entonces dije: «Ése no puede ser mi hijo.»

—Mira a ver si ya ves algo. O si oyes algo. Tú que puedes hacerlo desde allá arriba, porque yo me siento sordo.

—No veo nada.

—Peor para ti,[24] Ignacio.

—Tengo sed.

—¡Aguántate![25] Ya debemos estar cerca. Lo que pasa es que ya es muy noche[26] y han de haber apagado la luz en el pueblo. Pero al menos debías de oír si ladran los perros. Haz por oír.[27]

—Dame agua.

—Aquí no hay agua. No hay más que piedras. Aguántate. Y aunque la hubiera,[28] no te bajaría a tomar agua. Nadie me ayudaría a subirte otra vez y yo solo no puedo.

—Tengo mucha sed y mucho sueño.

—Me acuerdo cuando naciste. Así eras entonces. Despertabas con hambre y comías para volver a dormirte. Y tu madre te daba agua, porque ya te habías acabado la leche de ella. No tenías llenadero.[29] Y eras muy rabioso. Nunca pensé que con el tiempo se te fuera a subir aquella rabia a la cabeza...[30] Pero así fue. Tu madre, que descanse en paz,[31] quería que te criaras fuerte. Creía que cuando tú crecieras irías a ser su sostén. No te tuvo más que a ti. El otro hijo que iba a tener la mató. Y tú la hubieras matado otra vez si ella estuviera viva a estas alturas.

Sintió que el hombre aquel que llevaba sobre sus hombros dejó de apretar las rodillas y comenzó a soltar los pies, balanceándolos

---

[22] since I found out you were wandering the roads
[23] To him also fell the bad luck of meeting up with you.
[24] So much the worse for you
[25] You'll just have to put up with it!
[26] it's very late
[27] Try to hear.
[28] And even if there were some
[29] There was no filling you up
[30] that in time that anger would control you completely
[31] may she rest in peace

de un lado para otro.³² Y le pareció que la cabeza, allá arriba, se sacudía como si sollozara.

Sobre su cabello sintió que caían gruesas gotas, como de lágrimas.

—¿Lloras, Ignacio? Lo hace llorar a usted el recuerdo de su madre, ¿verdad? Pero nunca hizo usted nada por ella. Nos pagó siempre mal.³³ Parece que, en lugar de cariño, le hubiéramos retacado el cuerpo de maldad. ¿Y ya ve? Ahora lo han herido. ¿Qué pasó con sus amigos? Los mataron a todos. Pero ellos no tenían a nadie. Ellos bien hubieran podido decir: «No tenemos a quién darle nuestra lástima.» ¿Pero usted, Ignacio?

◊   ◊   ◊

Allí estaba ya el pueblo. Vio brillar los tejados bajo la luz de la luna. Tuvo la impresión de que lo aplastaba el peso de su hijo al sentir que las corvas se le doblaban en el último esfuerzo. Al llegar al primer tejabán, se recostó sobre el pretil de la acera y soltó el cuerpo, flojo, como si lo hubieran descoyuntado.

Destrabó difícilmente los dedos con que su hijo había venido sosteniéndose de su cuello y, al quedar libre,³⁴ oyó cómo por todas partes ladraban los perros.

—¿Y tú no los oías, Ignacio?—dijo. —No me ayudaste ni siquiera con esta esperanza.

LA VIVENCIA

1. El cuento trata de las consecuencias de la delincuencia. ¿Presenta el cuento detalles que pudieran explicar las causas u orígenes del problema? ¿Es posible que el padre tenga alguna responsabilidad?

---

³² swinging them from side to side   ³⁴ when he was free
³³ You were always an ingrate

2. Cuando el padre deja de tutear a su hijo y comienza a emplear «usted», ¿cómo cambia el tono del cuento? ¿El padre deja de ser un ser humano para convertirse en algo más? ¿en la voz de Dios? ¿en la de la conciencia? Explique. ¿Importa que vuelva a tutear al hijo al final?

3. La figura solitaria—la sombra—que forman los dos hombres nos hace pensar que son *una sola persona.* ¿En qué medida es cierto que entre los miembros de la familia las relaciones son tan estrechas que el odio y el amor que sienten los unos para los otros es expresión de lo que sienten para sí mismos?

PERSPECTIVAS LITERARIAS

1. El narrador describe sólo unos pocos elementos del paisaje y alude a la luz de la luna que no es siempre del mismo color ni de la misma intensidad. ¿Hace esto Rulfo para crear un ambiente especial de índole visual? ¿Para unir lo exterior con lo interior? ¿Por otras razones?

2. ¿Qué efecto hace la repetición de las frases alusivas a si ladran o no los perros?

MIGUEL DE UNAMUNO

(1864–1936)

A lo largo de su vida Unamuno luchó por despertar la conciencia de sus compatriotas, deseoso siempre de lograr que otros sintieran tan íntimamente como él los problemas de su tiempo y de España. Fue catedrático de griego y rector de la Universidad de Salamanca y publicó ensayos, novelas y poesía. Hombre decidido siempre a defender su verdad—la verdad según la entendía él—fue desterrado durante la dictadura del General Primo de Rivera en la década de 1920 y se opuso a la política de la derecha de la próxima década. En casi todo lo que escribió se siente el lector en presencia de un hombre para quien las ideas importan en la medida en que ayudan a encontrar el sentido a la vida. Como hombre joven Unamuno perdió la fe en las creencias religiosas que le habían enseñado de niño; y su preocupación por cuestiones de la fe—sobre todo, la salvación del alma y la sed de inmortalidad—influyó profundamente en el desarrollo de su obra literaria y filosófica. Todos sus escritos abordan explícita o implícitamente la cuestión de lo que puede hacer uno para no morirse del todo. Por consiguiente, exploró incansablemente temas como el amor entre el hombre y la mujer, los hijos y la vida familiar. Si es inevitable la muerte física, es posible encontrar en la vida del hogar esperanza de continuidad biológica y consolación frente a un universo sin sentido.

En «Al correr los años» Unamuno expresó su preocupación por el tiempo y la mortalidad dentro del ámbito del hogar de una familia tan numerosa como la suya. Primero presenta su tema en conceptos algo abstractos y luego narra la historia de Juan y Juana como «ejemplo específico» de lo que significa el correr de los años. Cuando algunos leen por primera vez una obra de Unamuno, echan de menos las descripciones y las muchas anécdotas que otros escritores emplean para crear la ilusión de la vida cotidiana. El lector pronto se da cuenta de que a Unamuno le importaba más que nada lograr que conociéramos la vida íntima de sus personajes.

Lectura recomendada: *Nada menos que todo un hombre,* de *Tres novelas ejemplares y un prólogo*

CUESTIONARIO

1. ¿Cuál es el tema del cuento?

2. ¿Tuvieron oportunidad de conocerse bien Juan y Juana?

3. ¿Cómo se transformó el amor de Juan y Juana después de estar casados?

4. ¿Por qué comenzó a amohinarse Juan después de casado?

5. ¿Qué le dijo Juana al oído a Juan un día?

6. ¿De qué manera trató Juan a su primer hijo?

7. ¿En qué sentido fue para Juan distinto el nacimiento del segundo hijo?

8. ¿A Juana le pareció distinto o igual el dar a luz al segundo hijo?

9. ¿Cómo se transformó Juana después de veinte años de casada?

10. ¿Qué cambios notaba Juana en el trato que le daba Juan?

11. ¿Qué le vio hacer a su marido un día Juana?

12. ¿Qué sintió Juana al ver a su marido besar el retrato?

13. ¿Por qué su mujer le acechaba a Juan?

14. ¿Por qué quedó atónita Juana al ver el retrato?

15. Mientras miraba el retrato, ¿qué recordó Juana?

16. ¿Qué secreto le contó Juana a su marido?

17. ¿Qué hizo Juan al oír el secreto de Juana?

18. ¿Por qué quemó el retrato?

19. ¿Qué sintió Juana sentada en las rodillas de Juan?

AL CORRER LOS AÑOS

Eheu, fugaces, Postume,
Postume, Labuntur anni...

—Horacio, «Odas II, 14»[1]

El lugar común de la filosofía moral y de la lírica que con más insistencia aparece es el de cómo se va el tiempo, de cómo se hunden los años en la eternidad de lo pasado.

Todos los hombres descubren a cierta edad que se van haciendo viejos, así como descubrimos todos cada año—¡oh portento de observación!—que empiezan a alargarse los días al entrar en una estación de él, y que al entrar en la opuesta, seis meses después, empiezan a acortarse.

Esto de cómo[2] se va el tiempo sin remedio y de cómo en su andar lo deforma y trasforma todo es meditación[3] para los días todos del año, pero parece que los hombres hemos consagrado a ella en especial el último de él y el primero del año siguiente, o cómo se viene el tiempo.[4] Y se viene como se va, sin sentirlo. Y basta de perogrulladas.[5]

¿Somos los mismos de hace dos, ocho, veinte años? Venga el cuento.[6]

◇   ◇   ◇

Juan y Juana se casaron después de largo noviazgo, que les permitió conocerse, y más bien que conocerse, hacerse el uno al

---

[1] Unamuno's translation of Horace's verses to Postumus: «¡Ay, **Póstumo,** **cuán fugaces corren los años!**»
[2] This question of how
[3] is a subject for meditation
[4] depending on how things develop
[5] And enough platitudes.
[6] Let's hear the story.

otro. Conocerse no, porque dos novios,[7] lo que no se conocen en ocho días no se conocen tampoco en ocho años, y el tiempo no hace sino echarles sobre los ojos un velo[8]—el denso velo del cariño—para que no se descubran mutuamente los defectos, o más bien, se los conviertan a los encantados ojos en virtudes.

Juan y Juana se casaron después de un largo noviazgo, y fue como continuación de éste[9] su matrimonio.

La pasión se les quemó como mirra en los transportes de la luna de miel, y les quedó[10] lo que entre las cenizas de la pasión queda, y vale mucho más que ella: la ternura. Y la ternura en forma de sentimiento de la convivencia.[11]

Siempre tardan los esposos en hacerse dos en una carne, como el Cristo dijo (Marcos, X, 8).[12] Mas cuando llegan a esto, coronación de la ternura de la convivencia, la carne de la mujer no enciende la carne del hombre, aunque ésta de suyo[13] se encienda; pero también, si cortan entonces la carne de ella, duélele a él como si la propia carne le cortasen.[14] Y éste es el colmo de la convivencia, de vivir dos en uno y de una misma vida. Hasta el amor, el puro amor, acaba casi por desaparecer.[15] Amar a la mujer propia se convierte en amarse a sí mismo, en amor propio, y esto está fuera de precepto, pues si se nos dijo «ama a tu prójimo como a ti mismo», es por suponer[16] que cada uno, sin precepto, a sí mismo se ama.

Llegaron pronto Juan y Juana a la ternura de la convivencia, para la que su largo noviciado al matrimonio les preparara.[17] Y a las veces, por entre la tibieza de la ternura asomaban llamaradas del calor de la pasión.

Y sí corrían los días.

Corrían, y Juan se amohinaba e impacientaba en sí al no observar señales del fruto esperado. ¿Sería él menos hombre que

---

[7] an engaged couple
[8] and time only lowers a veil over their eyes
[9] the latter (their engagement)
[10] they were left with
[11] a feeling of life fully and intimately shared
[12] Mark 2:8: "And they shall be one flesh; so then they are no more two, but one flesh."
[13] on its own
[14] **cortaran**
[15] almost disappears entirely
[16] it is to be supposed
[17] **les había preparado**

otros hombres a quienes por tan poco hombres tuviera?[18] Y no os sorprenda esta consideración de Juan,[19] porque en su tierra, donde corre sangre semítica, hay un sentimiento demasiado carnal de la virilidad. Y secretamente, sin decírselo el uno al otro, Juan y Juana sentían cada uno cierto recelo hacia el otro, a quien culpaban de la presunta frustración de la esperanza matrimonial.

Por fin, un día Juana le dijo algo al oído a Juan—aunque estaban solos y muy lejos de toda otra persona; pero es que en casos tales[20] se juega al secreto—, y el abrazo de Juan a Juana fue el más apretado y el más caluroso de cuantos abrazos[21] hasta entonces le había dado. Por fin, la convivencia triunfaba hasta en la carne, trayendo a ella una nueva vida.

Y vino el primer hijo, la novedad, el milagro. A Juan le parecía casi imposible que aquello, salido de su mujer, viviese,[22] y más de una noche, al volver a casa, inclinó su oído sobre la cabecita del niño, que en su cuna dormía, para oír si respiraba. Y se pasaba largos ratos con el libro abierto delante, mirando a Juana cómo daba la leche de su pecho a Juanito.

Y corrieron dos años, y vino otro hijo, que fue hija—pero, señor, cuando se habla de masculinos y femeninos, ¿por qué se ha de aplicar a ambos aquel género y no éste?—,[23] y se llamó Juanita, y ya no le pareció a Juan, su padre, tan milagroso, aunque tan doloroso le tembló al darlo a luz a Juana, su madre.[24]

Y corrieron los años, y vino otro, y luego otro, y más después otro, y Juan y Juana se fueron cargando de hijos. Y Juan sólo sabía el día del natalicio del primero, y en cuanto a los demás, ni siquiera hacia qué mes habían nacido. Pero Juana, su madre, como los contaba por dolores, podía situarlos en el tiempo. Porque siempre guardamos en la memoria mucho mejor las fechas de los dolores y desgracias que no[25] las de los placeres y venturas. Los hitos de la vida son dolorosos más que placenteros.

Y en este correr de los años y venir de hijos, Juana se había convertido, de una doncella fresca y esbelta, en una matrona

---

[18] whom he had considered so unmanly
[19] Don't be surprised by this concern of Juan's
[20] but the fact is that in such situations
[21] of all the embraces
[22] **viviera**
[23] but, Sir, when we speak of masculine and feminine, why must the masculine, not the feminine, be applied to both?
[24] i.e., it was as painful for Juana to give birth to her as to her first child
[25] Disregard the **no**.

otoñal cargada de carnes, acaso en exceso. Sus líneas se habían deformado en grande; la flor de la juventud se le había ajado. Era todavía hermosa, pero no era bonita ya. Y su hermosura era ya más para el corazón que para los ojos. Era una hermosura de recuerdos, no ya de esperanzas.

Y Juana fue notando que a su hombre Juan se le iba modificando el carácter según los años sobre él pasaban, y hasta la ternura de la convivencia se le iba entibiando. Cada vez eran más raras aquellas llamaradas de pasión que en los primeros años de hogar[26] estallaban de cuando en cuando de entre los rescoldos de la ternura. Ya no quedaba sino ternura.

Y la ternura pura se confunde a las veces casi con el agradecimiento y hasta confina con la piedad. Ya a Juana los besos de Juan, su hombre, le parecían más que[27] besos a su mujer, besos a la madre de sus hijos, besos empapados en gratitud por habérselos dado tan hermosos y buenos; besos empapados acaso en piedad por sentirla declinar en la vida. Y no hay amor verdadero y hondo, como era el amor de Juana a Juan, que se satisfaga con agradecimiento ni con piedad. El amor no quiere ser agradecido ni quiere ser compadecido.[28] El amor quiere ser amado porque sí,[29] y no por razón alguna, por noble que ésta sea.[30]

Pero Juana tenía ojos y tenía espejo, por una parte, y tenía, por otra, a sus hijos. Y tenía, además, fe en su marido y respeto a él. Y tenía, sobre todo, la ternura, que todo lo allana.

Mas creyó notar preocupado y mustio a su Juan, y a la vez que mustio y preocupado, excitado. Parecía como si una nueva juventud le agitara la sangre en las venas. Era como si al empezar su otoño, un veranillo de San Martín[31] hiciera brotar en él flores tardías que habría de helar el invierno.

Juan estaba, sí, mustio; Juan buscaba la soledad; Juan parecía pensar en cosas lejanas cuando su Juana le hablaba de cerca; Juan andaba distraído. Juana dio en observarle[32] y en meditar, más con el corazón que con la cabeza, y acabó por descubrir[33] lo que toda mujer acaba por descubrir siempre que fía la inquisición al corazón

---

[26] in the first years of family life
[27] rather than
[28] Love does not ask for thanks or pity.
[29] because that's the way it should be
[30] no matter how noble the latter may be

[31] St. Martin's Day is November 11: Indian-summerlike weather
[32] Juana began to observe him
[33] and she discovered

y no a la cabeza: descubrió que Juan andaba enamorado. No cabía duda alguna de ello.[34]

Y redobló Juana de cariño y de ternura y abrazaba a su Juan como para defenderlo de una enemiga invisible, como para protegerlo de una mala tentación, de un pensamiento malo. Y Juan, medio adivinando el sentido de aquellos abrazos de renovada pasión, se dejaba querer y redoblaba ternura, agradecimiento y piedad, hasta lograr reavivar la casi extinguida llama de la pasión, que del todo es inextinguible. Y había entre Juan y Juana un secreto patente a ambos, un secreto en secreto confesado.

Y Juana empezó a acechar discretamente a su Juan, buscando el objeto de la nueva pasión. Y no lo hallaba. ¿A quién, que no fuese[35] ella, amaría Juan?

Hasta que un día, y cuando él y dónde él, su Juan, menos lo sospechaba, lo sorprendió, sin que él se percatara de ello, besando un retrato. Y se retiró angustiada, pero resuelta a saber de quién era el retrato. Y fue desde aquel día una labor astuta, callada y paciente, siempre tras el misterioso retrato, guardándose la angustia, redoblando de pasión, de abrazos protectores.[36] ¡Por fin! Por fin un día aquel hombre prevenido y cauto, aquel hombre tan astuto y tan sobre sí siempre, dejó—¿sería adrede?—, dejó al descuido la cartera en que guardaba el retrato. Y Juana temblorosa, oyendo las llamadas de su propio corazón que le advertía, llena de curiosidad, de celos, de compasión, de miedo y de vergüenza, echó mano a la cartera.[37] Allí, allí estaba el retrato; sí, era aquél, aquél, el mismo; lo recordaba bien. Ella no lo vio sino por el revés cuando su Juan lo besaba apasionado, pero aquel mismo revés, aquel mismo que estaba entonces viendo.

Se detuvo un momento, dejó la cartera, fue a la puerta, escuchó un rato y luego la cerró. Y agarró el retrato, le dio vuelta[38] y clavó en él los ojos.

Juana quedó atónita, pálida primero y encendida de rubor después; dos gruesas lágrimas rodaron de sus ojos al retrato, y luego las enjugó besándolo. Aquel retrato era un retrato de ella, de ella misma, sólo que..., ¡ay, Póstumo; cuán fugaces corren los años!

---

[34] There was no doubt whatsoever about it.
[35] **fuera**
[36] with protective embraces
[37] she reached for the wallet
[38] she turned it over

Era un retrato de ella cuando tenía veintitrés años, meses antes de casarse; era un retrato que Juana dio a su Juan cuando eran novios.

Y ante el retrato resurgió a sus ojos todo aquel pasado de pasión, cuando Juan no tenía una sola cana y era ella esbelta y fresca como un pimpollo.

¿Sintió Juana celos de sí misma? O mejor, ¿sintió la Juana de los cuarenta y cinco años celos de la Juana de los veintitrés, de su otra Juana? No, sino que sintió compasión de sí misma, y con ella, ternura, y con la ternura, cariño.

Y tomó el retrato y se lo guardó en el seno.

Cuando Juan se encontró sin el retrato en la cartera receló algo y se mostró inquieto.

Era una noche de invierno, y Juan y Juana, acostados ya los hijos,[39] se encontraban solos junto al fuego del hogar; Juan leía un libro; Juana hacía labor. De pronto, Juana le dijo a Juan:

—Oye, Juan, tengo algo que decirte.

—Di, Juana, lo que quieras.

Como los enamorados, gustaban de repetirse uno a otro el nombre.

—Tú, Juan, guardas un secreto.

—¿Yo? ¡No!

—Yo digo que sí, Juan.

—Te digo que no, Juana.

—Te lo he sorprendido; así es que no me lo niegues, Juan.

—Pues si es así, descúbrelo.[40]

Entonces Juana sacó el retrato, y alargándoselo a Juan, le dijo con lágrimas en la voz:

—Anda, toma y bésalo cuanto quieras, pero no a escondidas.

Juan se puso encarnado, y apenas repuesto de la emoción de sorpresa tomó el retrato, le echó al fuego y acercándose a Juana y tomándola en sus brazos y sentándola sobre sus rodillas, que le temblaban, le dio un largo y apretado beso en la boca, un beso en que de la plenitud de la ternura refloreció la pasión primera. Y sintiendo sobre sí el dulce peso de aquella fuente de vida, de donde habían para él brotado, con nueve hijos, más de veinte años de dicha reposada, le dijo:

---

[39] after their children had gone to bed   [40] Well, in that case, reveal it.

—A él no, que es cosa muerta, y lo muerto, al fuego; a él no, sino a ti, a ti, mi Juana, mi vida;[41] a ti, que estás viva y que me has dado vida, a ti.

Y Juana, temblando de amor sobre las rodillas de su Juan, se sintió volver a los veintitrés años, a los años del retrato que ardía, calentándolos con su fuego.

Y la paz de la ternura sosegada volvió a reinar en el hogar de Juan y Juana.

LA VIVENCIA

1. ¿En qué sentido son tradicionales las ideas de Unamuno sobre el matrimonio? ¿Entiende cuestiones de la vida de los sexos desde el punto de vista de la mujer y el hombre contemporáneos? ¿Hay indicios de actitudes bastante modernas en el comentario?

2. ¿Qué significa la referencia al «veranillo de San Martín»? En otro pasaje se dice que Juana es «matrona otoñal». ¿Es una costumbre exclusivamente hispánica comparar las edades de las personas con el sucederse de las estaciones del año? ¿Puede citar otros ejemplos?

3. Cuando se casan los hombres y las mujeres, los Juanes y las Juanas, ¿piensan en llegar a «la ternura de la convivencia» o piensan que su vida será distinta a la de los personajes de Unamuno? ¿Entiende Unamuno mejor que otros lo que realmente pasa en la vida?

PERSPECTIVAS LITERARIAS

1. Unamuno mismo indica que casi todo lo que dice al principio del cuento acerca del tiempo son perogrulladas. Si esto es cierto, ¿en qué sentido son originales—o no lo son—sus obser-

---

[41] my darling

vaciones sobre el efecto del tiempo en el matrimonio? ¿Es necesario tener ideas originales para escribir cuentos?

2. Si se separaran las ideas de la acción del cuento, ¿sería «interesante» el cuento? ¿Son los personajes figuras elaboradas a propósito para ilustrar las ideas del ensayo? ¿Tienen otras dimensiones? ¿Se parece este cuento más a las fábulas, o a los cuentos de hadas para niños?

3. ¿Cuál es el efecto de la repetición de la observación de que «corre el tiempo» en la parte del cuento que trata de los primeros años del matrimonio de Juan y Juana? ¿Por qué no aparece esta observación en las últimas páginas?

MARIO VARGAS LLOSA

(1936–   )

Después de publicar sus primeros cuentos, el joven peruano Vargas Llosa se marchó de su patria con el propósito de estudiar y de trabajar en España. Duró quince años su destierro voluntario en Barcelona, Londres y París. En 1962 publicó su primera novela, *La ciudad y los perros*, obra premiada y aplaudida en todo el mundo por sus innovaciones. No obstante, en la academia militar donde Vargas Llosa había estudiado, se quemaron mil ejemplares de la novela a causa de la crítica dirigida contra los militares del país. Al volver al Perú en 1974 ya era un novelista famoso y también un escritor conocido por su convencimiento de que los literatos de los países del Tercer Mundo tienen que hacer un papel activo en la lucha contra la ignorancia, la violencia y la explotación. A pesar de su preocupación por la responsabilidad sociopolítica del escritor, no cree que en toda novela tengan que predominar las cuestiones ideológicas.

«El abuelo», publicado cuando Vargas Llosa tenía veintiún años, nos coloca frente a un tema constante y característico de su obra: la violencia entre los seres humanos, aun en las relaciones más íntimas, como las de la amistad y de la familia. En este cuento el narrador reúne muchos detalles significativos, pero no explica ni analiza los motivos que determinan la conducta del abuelo. El lector se va dando cuenta de que se trata de un abuelo que tal vez odie a su nieto—y también a su hija política—y pacientemente urde un proyecto para darle un susto inolvidable. La dimensión subconsciente del abuelo—sus sueños y recuerdos—sirve para arrojar un poco de luz sobre el sentido de por qué el viejo se porta de una forma tan rara.

51

La acción del cuento no se narra línealmente. El cuento comienza y termina en la huerta, durante el mismo período temporal. Pero con el cuarto párrafo comienza una vista retrospectiva (un *flashback*), en la cual se cuenta paso a paso cómo el viejo desarrolló su plan. En el párrafo que comienza con las palabras «En ese momento escuchó voces», la acción se reanuda en el jardín donde había empezado y seguirá hasta el fin.

Lectura recomendada: *La casa verde*, novela

CUESTIONARIO

EN LA HUERTA

1. ¿Dónde se encuentra el abuelo y a quién espera?

2. ¿Qué teme el abuelo?

3. ¿Por qué mira hacia la puerta falsa?

4. ¿Qué le despierta?

5. ¿Por qué le importa no haber dormido mucho?

6. ¿Qué lleva en el bolsillo?

VISTA RETROSPECTIVA

Esta tarde

7. ¿Dónde compró la vela?

8. ¿Por qué le importó permanecer serio, taconear y batir el suelo con el bastón en la tienda?

9. ¿A dónde fue con la vela?

10. ¿Qué sacó de su maletín?

El pasado más remoto: Desde el día del hallazgo hasta esta tarde

11. ¿Dónde encontró y guardó la calavera?

12. ¿Por qué dudó que debiera continuar con el proyecto?

13. ¿Qué le parecían las palomas?

14. ¿Cómo durmió cuando ya había tomado su decisión? ¿Qué soñó?

Esta tarde

15. ¿Cómo logró limpiar la calavera?

16. ¿Cómo llegó a casa?

DE VUELTA A LA HUERTA

17. Cuando oye voces, ¿qué efecto le producen? ¿Luego qué hace el abuelo?

18. ¿A quiénes ve en la pérgola?

19. ¿Qué sugiere la risa del nieto?

20. ¿Qué le oye decir a su nieto? ¿Es su nieto un niño bueno y amable? ¿Por qué se echa a correr el niño?

21. ¿Qué efecto se logra cuando salen llamas de todos los orificios de la calavera?

22. ¿Por qué se siente don Eulogio tranquilo al fin?

EL ABUELO

Cada vez que crujía una ramita, o croaba una rana, o vibraban los vidrios de la cocina que estaba al fondo de la huerta, el viejecito saltaba con agilidad de su asiento improvisado, que era una piedra chata, y espiaba ansiosamente entre el follaje. Pero el niño aún no aparecía. A través de las ventanas del comedor, abiertas a la pérgola, veía en cambio las luces de la araña encendida hacía rato,[1] y bajo ellas sombras movedizas que se deslizaban de un lado a otro, con las cortinas, lentamente. Había sido corto de vista[2] desde joven, de modo que eran inútiles sus esfuerzos por comprobar si ya cenaban o si aquellas sombras inquietas provenían de los árboles más altos.

Regresó a su asiento y esperó. La noche pasada había llovido y la tierra y las flores despedían un agradable olor a humedad. Pero los insectos pululaban, y los manoteos desesperados de don Eulogio[3] en torno del rostro no conseguían evitarlos; a su barbilla trémula, a su frente y hasta las cavidades de sus párpados llegaban cada momento lancetas invisibles a punzarle la carne. El entusiasmo y la excitación que mantuvieron su cuerpo dispuesto y febril durante el día habían decaído y sentía ahora cansancio y algo de[4] tristeza. Tenía frío, le molestaba la oscuridad del vasto jardín y lo atormentaba la imagen, persistente, humillante, de alguien, quizá la cocinera o el mayordomo, que de pronto lo sorprendía[5] en su escondrijo. «¿Qué hace usted en la huerta a estas horas, don

---

[1] the lights of the chandelier, lit since awhile ago
[2] nearsighted
[3] don Eulogio's desperate slapping motions
[4] a little
[5] **sorprendería**

54

Eulogio?» Y vendrían su hijo y su hija política,[6] convencidos de que estaba loco. Sacudido por un temblor nervioso,[7] volvió la cabeza y adivinó entre los macizos de crisantemos, de nardos y de rosales, el diminuto sendero que llegaba a la puerta falsa[8] esquivando el palomar. Se tranquilizó apenas, al recordar haber comprobado tres veces que la puerta estaba junta, con el pestillo corrido,[9] y que en unos segundos podía escurrirse hacia la calle sin ser visto.

«¿Y si hubiera venido ya?» pensó, intranquilo. Porque hubo un instante, a los pocos minutos de haber ingresado[10] cautelosamente a su casa por la entrada casi olvidada de la huerta, en que perdió la noción del tiempo y permaneció como dormido. Sólo reaccionó cuando el objeto que ahora acariciaba sin saberlo[11] se desprendió de sus manos y le golpeó el muslo. Pero era imposible. El niño no podía haber cruzado la huerta todavía, porque sus pasos asustados lo hubieran despertado, o el pequeño, al distinguir a su abuelo, encogido y dormitando justamente al borde del sendero que debía conducirlo a la cocina, habría gritado.

Esta reflexión lo animó. El soplido del viento era menos fuerte, su cuerpo se adaptaba al ambiente, había dejado de temblar. Tentando los bolsillos de su saco, encontró el cuerpo duro y cilíndrico de la vela que compró esa tarde en el almacén de la esquina. Regocijado, el viejecito sonrió en la penumbra: rememoraba el gesto de sorpresa de la vendedora.[12] Él permaneció muy serio, taconeando[13] con elegancia, batiendo[14] levemente y en círculo su largo bastón enchapado en metal, mientras la mujer pasaba bajo sus ojos[15] cirios y velas de diversos tamaños. «Ésta», dijo él, con un ademán rápido que quería significar molestia[16] por el quehacer desagradable que cumplía. La vendedora insistió en envolverla, pero don Eulogio no aceptó y abandonó la tienda con premura. El resto de la tarde estuvo en el Club Nacional, encerrado en el pequeño salón de rocambor donde nunca había nadie. Sin embargo, extremando las precauciones para evitar la solicitud de los

---

[6] daughter-in-law
[7] Shaken by a nervous tremor
[8] rear gate
[9] with the latch turned
[10] a few minutes after entering
[11] unwittingly

[12] Flashback begins: this afternoon.
[13] clicking his heels
[14] tapping (on the floor)
[15] was showing him
[16] that was meant to signify annoyance

mozos, echó llave a[17] la puerta. Luego, cómodamente hundido en el confortable de insólito color escarlata,[18] abrió el maletín que traía consigo, y extrajo el precioso paquete. La tenía envuelta en su hermosa bufanda de seda blanca,[19] precisamente la que llevaba puesta la tarde del hallazgo.[20]

A la hora más cenicienta del crepúsculo[21] había tomado un taxi, indicando al chofer que circulara por las afueras de la ciudad: corría[22] una deliciosa brisa tibia, y la visión entre grisácea y rojiza del cielo sería más enigmática en medio del campo. Mientras el automóvil flotaba con suavidad[23] por el asfalto, los ojitos vivaces del anciano, única señal ágil[24] en su rostro fláccido, descolgado en bolsas,[25] iban deslizándose distraídamente sobre el borde del canal paralelo a la carretera, cuando de pronto la divisó.

—¡Deténgase!—dijo, pero el chofer no le oyó. —¡Deténgase! ¡Pare!

Cuando el auto se detuvo y en retroceso[26] llegó al montículo de piedras, don Eulogio comprobó que se trataba, efectivamente, de una calavera. Teniéndola[27] entre las manos, olvidó la brisa y el paisaje, y estudió minuciosamente, con creciente ansiedad, esa dura, terca y hostil forma impenetrable, despojada de carne y de piel, sin nariz, sin ojos, sin lengua. Era pequeña, y se sintió inclinado a creer que era de niño. Estaba sucia, polvorienta, y hería su cráneo pelado una abertura del tamaño de una moneda,[28] con los bordes astillados. El orificio de la nariz era un perfecto triángulo, separado de la boca por un puente delgado y menos amarillo que el mentón. Se entretuvo pasando un dedo por las cuencas vacías, cubriendo el cráneo con la mano en forma de bonete, o hundiendo su puño por la cavidad baja, hasta tenerlo apoyado en el interior: entonces, sacando un nudillo[29] por el triángulo, y otro por la boca a manera de una larga e incisiva lengüeta,

---

[17] he locked
[18] comfortably settled into an easy chair of an unusual scarlet hue
[19] white silk scarf
[20] the one he wore the evening of the great find
[21] At the most ashen (colored) hour of sunset (Flashback continues in the more remote past.)
[22] there was
[23] smoothly
[24] the only sign of agility, liveliness
[25] hanging in bags
[26] backing up
[27] Holding it
[28] there was a coin-sized hole in its bare cranium
[29] he stuck a knuckle

imprimía a su mano movimientos sucesivos, y se divertía enormemente imaginando que aquello estaba vivo.

Dos días là tuvo oculta en un cajón de la cómoda, abultando el maletín de cuero, envuelta cuidadosamente, sin revelar a nadie su hallazgo. La tarde siguiente a la del encuentro permaneció en su habitación, paseando nerviosamente entre los muebles opulentos de sus antepasados. Casi no levantaba la cabeza; se diría que examinaba con devoción profunda y algo de pavor[30] los dibujos sangrientos y mágicos del círculo central de la alfombra, pero ni siquiera los veía. Al principio, estuvo indeciso, preocupado: podían sobrevenir complicaciones de familia,[31] tal vez se reirían de él. Esta idea lo indignó y tuvo angustia[32] y deseo de llorar. A partir de ese instante,[33] el proyecto se apartó sólo una vez de su mente: fue cuando de pie ante la ventana, vio el palomar oscuro, lleno de agujeros, y recordó que en una época aquella casita de madera con innumerables puertas no estaba vacía, sin vida, sino habitada por animalitos grises y blancos que picoteaban con insistencia cruzando la madera de surcos[34] y que a veces revolteaban sobre los árboles y las flores de la huerta. Pensó con nostalgia en lo débiles y cariñosos que eran:[35] confiadamente venían a posarse en su mano, donde siempre les llevaba algunos granos, y cuando hacía presión[36] entornaban los ojos y los sacudía un brevísimo temblor. Luego no pensó más en ello. Cuando el mayordomo vino a anunciarle que estaba lista la cena, ya lo tenía decidido.[37] Esa noche durmió bien. A la mañana siguiente olvidó haber soñado que una perversa fila de grandes hormigas rojas invadía súbitamente el palomar y causaba desasosiego[38] entre los animales, mientras él, desde su ventana, miraba la escena con un catalejo.[39]

Había imaginado que limpiar la calavera sería algo muy rápido, pero se equivocó.[40] El polvo, lo que había creído polvo y era tal vez excremento por su aliento picante,[41] se mantenía soldado[42] a las paredes internas y brillaba como una lámina de metal en la

---

[30] and some fear
[31] complications could arise in the family
[32] he felt distressed
[33] From that moment on
[34] cutting grooves into the wood
[35] how weak and affectionate they were
[36] he would squeeze

[37] his mind was made up
[38] restlessness, uneasiness
[39] spyglass
[40] Flashback returns to this afternoon.
[41] because of its pungent smell
[42] firmly attached

parte posterior del cráneo. A medida que la seda blanca de la bufanda se cubría de lamparones[43] grises, sin que desapareciera la capa de suciedad,[44] iba creciendo la excitación de don Eulogio. En un momento, indignado, arrojó la calavera, pero antes que ésta dejara de rodar, se había arrepentido y estaba fuera de su asiento, gateando por el suelo hasta alcanzarla y levantarla con precaución. Supuso entonces que la limpieza sería posible utilizando alguna sustancia grasienta. Por teléfono encargó a la cocina una lata de aceite y esperó en la puerta al mozo a quien arrancó con violencia la lata de las manos, sin prestar atención[45] a la mirada inquieta con que aquél intentó recorrer la habitación[46] por sobre su hombro. Lleno de zozobra empapó la bufanda en aceite y, al comienzo con suavidad,[47] después acelerando el ritmo, raspó hasta exasperarse. Pronto comprobó entusiasmado[48] que el remedio era eficaz; una tenue lluvia de polvo cayó a sus pies, y él ni siquiera notaba que el aceite iba humedeciendo también el filo de sus puños y la manga de su saco. De pronto, puesto de pie de un brinco,[49] admiró la calavera que sostenía sobre su cabeza, limpia, resplandeciente, inmóvil, con unos puntitos como de sudor sobre la ondulante superficie de los pómulos. La envolvió de nuevo, amorosamente; cerró su maletín y salió del Club Nacional. El automóvil que ocupó en la Plaza San Martín[50] lo dejó a la espalda de[51] su casa, en Orrantia. Había anochecido. En la fría semioscuridad de la calle se detuvo un momento, temeroso de que la puerta estuviese clausurada. Enervado, estiró su brazo y dio un respingo de felicidad[52] al notar que giraba la manija y la puerta cedía con un corto chirrido.

En ese momento escuchó voces en la pérgola.[53] Estaba tan ensimismado, que incluso había olvidado el motivo de ese trajín febril. Las voces, el movimiento fueron tan imprevistos que su corazón parecía el balón de oxígeno conectado a un moribundo. Su primer impulso fue agacharse, pero lo hizo con torpeza, resbaló de la piedra y cayó de bruces.[54] Sintió un dolor agudo en la frente y

---

[43] oil stains
[44] the coating of filth
[45] without paying attention
[46] the latter tried to look over the room
[47] gently
[48] enthusiastically
[49] jumping to his feet

[50] central square of Lima
[51] behind
[52] he made a gesture of happiness
[53] Action returns to garden, where it began.
[54] face down

en la boca un sabor desagradable de tierra mojada, pero no hizo
ningún esfuerzo por incorporarse y continuó allí, medio sepultado
por las hierbas, respirando fatigosamente,[55] temblando. En la caída
había tenido tiempo de elevar la mano que conservaba la calavera,
de modo que ésta se mantuvo en el aire, a escasos centímetros del
suelo, todavía limpia.

La pérgola estaba a unos cincuenta metros de su escondite, y
don Eulogio oía las voces como un delicado murmullo, sin distinguir lo que decían. Se incorporó trabajosamente. Espiando, vio
entonces en medio del arco de los grandes manzanos cuyas raíces
tocaban el zócalo del comedor, una silueta clara y esbelta y comprendió que era su hijo. Junto a él había otra, más nítida y
pequeña, reclinada con cierto abandono. Era la mujer. Pestañeando, frotando sus ojos trató angustiosamente, pero en vano, de
divisar al niño. Entonces lo oyó reír: una risa cristalina de niño,
espontánea, integral, que cruzaba el jardín como un animalito. No
esperó más: extrajo la vela de su saco, a tientas juntó ramas,
terrones y piedrecitas y trabajó rápidamente hasta asegurar la vela
sobre la piedra y colocar a ésta, como un obstáculo, en medio del
sendero. Luego, con extrema delicadeza para evitar que la vela
perdiera el equilibrio, colocó encima la calavera. Presa de[56] gran
excitación, uniendo sus pestañas al macizo cuerpo aceitado,[57] se
alegró: la medida era justa, por el orificio del cráneo asoma el
puntito blanco de la vela, como un nardo. No pudo continuar
observando. El padre había elevado la voz y, aunque sus palabras
eran todavía incomprensibles, supo que se dirigía al niño. Hubo
como un cambio de palabras entre las tres personas: la voz gruesa
del padre, cada vez más enérgica, el rumor melodioso de la mujer,
los cortos grititos destemplados del nieto. El ruido cesó de pronto.
El silencio fue brevísimo: lo fulminó[58] el nieto, chillando: «*Pero,
conste:*[59] *hoy acaba el castigo. Dijiste siete días y hoy se acaba. Mañana ya
no voy*». Con sus últimas palabras escuchó pasos precipitados.

¿Venía corriendo? Era el momento decisivo. Don Eulogio venció
el ahogo que lo estrangulaba y concluyó su plan. El primer fósforo
dio sólo un fugaz hilito azul. El segundo prendió bien. Quemán-

---

[55] heavily
[56] seized with
[57] with his eyelashes right up against
the solid oiled object

[58] put an end to it
[59] I want it to be clear

dose las uñas, pero sin sentir dolor, lo mantuvo junto a la calavera, aun segundos después de que la vela estuviera encendida. Dudaba, porque lo que veía no era exactamente lo que había imaginado, cuando una llamarada súbita creció entre sus manos con brusco crujido, como de un pisotón en la hojarasca,[60] y entonces quedó la calavera iluminada del todo, echando fuego[61] por las cuencas, por el cráneo, por la nariz y por la boca. *«Se ha prendido toda»,*[62] exclamó maravillado. Había quedado inmóvil y repetía como un disco *«fue el aceite, fue el aceite»,* estupefacto, embrujado ante la fascinante calavera enrollada por las llamas.

Justamente en ese instante escuchó el grito. Un grito salvaje, un alarido de animal atravesado por muchísimos venablos.[63] El niño estaba ante él, las manos alargadas, los dedos crispados. Lívido, estremecido, tenía los ojos y la boca muy abiertos y estaba ahora mudo y rígido, pero su garganta, independientemente, hacía unos extraños ruidos roncos. *«Me ha visto, me ha visto»,* se decía don Eulogio, con pánico. Pero al mirarlo supo de inmediato que no lo había visto, que su nieto no podía ver otra cosa que aquella cabeza llameante. Sus ojos estaban inmovilizados, con un terror profundo y eterno retratado en ellos. Todc había sido simultáneo: la llamarada, el aullido, la visión de esa figura de pantalón corto súbitamente poseída de terror. Pensaba entusiasmado que los hechos habían sido más perfectos incluso que su plan, cuando sintió voces y pasos que venían y entonces, ya sin cuidarse del ruido, dio media vuelta[64] y a saltos,[65] apartándose del sendero, destrozando con sus pisadas los macizos de crisantemos y rosales que entreveía a medida que lo alcanzaban los reflejos de la llama, cruzó el espacio que lo separaba de la puerta. La atravesó[66] junto con el grito de la mujer, estruendoso también, pero menos sincero que el de su nieto. No se detuvo, no volvió la cabeza. En la calle, un viento frío hendió su frente y sus escasos cabellos, pero no lo notó y siguió caminando, despacio, rozando con el hombro el muro de la huerta, sonriendo satisfecho, respirando mejor, más tranquilo.

---

[60] with a sudden crackling like a heavy footprint on dry leaves
[61] shooting forth fire
[62] It's completely on fire
[63] a howl of an animal pierced by many spears
[64] he turned around
[65] leaping
[66] he went through it

LA VIVENCIA

1. El abuelo parece senil y vive en una familia en la cual hay
    tensiones emocionales; sobre todo, conflicto entre las genera-
    ciones. ¿Cuáles son algunos indicios de que es éste el caso? ¿En
    qué medida es el plan del abuelo una consecuencia, sea directa
    sea indirecta, de estas circunstancias? ¿Qué habrá esperado
    conseguir dándole un susto a su nieto?

2. Para don Eulogio, el palomar es un recuerdo de otros tiempos
    mejores. ¿En qué sentido puede decirse que sus meditaciones
    sobre las palomas ayudan a entender sus acciones en el cuento?

3. ¿Por qué habrá elegido el abuelo el cráneo vacío—y no otra
    cosa—para llevar a cabo su plan?

PERSPECTIVAS LITERARIAS

1. Vargas Llosa intenta mantener vivo el interés de sus lectores,
    revelando poco a poco los motivos y propósitos de don Eulogio.
    ¿Puede usted imaginarse otra manera de narrar este cuento?
    ¿Qué elementos se incluirían y cuáles se quitarían?

2. ¿Por qué introduce Vargas Llosa en su cuento sueños y recuer-
    dos? ¿Existe el presente sin pasado? ¿el presente sin futuro? ¿la
    consciencia sin subconsciencia? ¿Es posible decir que entende-
    mos mejor que los personajes lo que pasa en su cuento? ¿Es
    mejor o peor el cuento si éste es el caso?

PARTE DOS

LA
ALIENACIÓN
SOCIAL

Las sociedades no son homogéneas. Siempre hay personas y grupos que se sienten «diferentes», excluidos, marginados, aun desposeídos. No tienen los derechos ni privilegios que disfrutan otros. Las causas son múltiples. Pueden estos sentimientos tener sus orígenes en la personalidad de las personas, o ser reacciones a circunstancias específicas. Parece ser casi universal la tendencia a identificar a personas o a grupos «diferentes» como enemigos de la mayoría. Cuando pasa esto, los «enemigos» encarnan todos los defectos que la mayoría teme confesar compartir, es decir, proyectan sus defectos en «los otros». Son «los otros» los perezosos, los ladrones, los perversos, etcétera. En muchas sociedades parece que existe casi una necesidad de mantener semejante división entre la mayoría y «los otros». Sin embargo, casi todos pueden acabar por sentirse enajenados cuando comienzan a sentir que no controlan su mundo, que van perdiendo el dominio que habían creído ejercer, o creen o sospechan que en la opinión de otros no cuentan para nada.

Estas tendencias se han hallado en las sociedades de todos los tiempos. En la literatura española de los siglos XVI y XVII abundan los tipos disconformes y picarescos. El personaje don Quijote creado por Cervantes, por ejemplo, es una expresión extraordinaria de la alienación. Se ha intensificado este sentirse otro, enajenado o alienado en las sociedades modernas, con los grandes cambios que se han realizado desde la Revolución Industrial, con los experimentos con gobiernos democráticos o totalitarios y con el desarrollo de sociedades no tradicionales. El tema está presente en casi todas las grandes obras literarias europeas y americanas de los dos últimos siglos. El autor no conformista puede identificarse como víctima de la incomprensión social y luchar en nombre de la tolerancia y de la libertad de otros que son víctimas de la injusticia. O puede convertir a su protagonista en héroe en la lucha contra fuerzas contrarias. Pero el heroismo y la victoria con poca frecuencia caracterizan a los personajes alienados en la literatura de nuestro siglo. Son personajes de la clase media o del proletariado que pocas veces desarrollan «grandes pasiones»: su problema consiste en sobrevivir. Luchan, pero casi nunca vencen. Se desahogan mediante el humor... o pueden volverse locos. A veces la conformidad con el destino resulta cuando unos hombres de buena voluntad encuentran que tienen algo en común, algo que sirve para unirlos en una pequeña comunidad. Pero aun con este sentimiento de solidaridad humana no dejan de sentirse abandonados en el universo.

Aun los niños llegan a conocer semejantes experiencias. Frecuentemente imitan a sus padres; creen ciegamente en lo que les dicen. Éste es el caso en «Los chicos». Nadie en el pueblo quiere trato con las familias de los prisioneros que viven cerca de las murallas de la prisión. Además de encarcelar a los criminales, la sociedad también aparta de sí a madres y a niños que están condenados a vivir mal mientras los padres están encerrados. Pero los chicos, hijos de los prisioneros, sin nada que hacer, persiguen y atacan a los niños del pueblo. Debemos preguntarnos si la autora, Ana María Matute, quería sugerir que esta conducta era un intento de llamar la atención a los otros, de hacerse amigos de los chicos del pueblo. Pero éstos, por lo que han oído decir a sus padres, creen que los hijos de los prisioneros son la encarnación del demonio. Sólo después de que Efrén vence a uno del grupo temido, la narradora se da cuenta de que todos son iguales, que un chico es un chico. Tal vez no tengan razón sus padres.

«Al otro lado», de Ignacio Aldecoa, aborda la cuestión de la alienación en su forma más fácil de comprender. Se repiten los ejemplos en muchas partes del mundo contemporáneo, sobre todo en el Tercer Mundo. Por razones económicas las familias rurales van a las ciudades en busca de empleo y de una mejor vida. Llegan sin dinero, sin preparación adecuada para conseguir trabajo y se ven reducidos a habitar unas escúalidas chabolas en los alrededores de la ciudad. Si la vida había sido imposible antes, también lo es ahora. Se ven rechazados por los habitantes de la ciudad. Comienzan a perder su autoestima. Si vuelven a su pueblo, todos sabrán que han fracasado. Si siguen donde están, siempre estarán «al otro lado».

Los miembros de las clases media y alta también pueden sentirse amenazados por los rápidos cambios que ocurren en la sociedad industrializada. Les parece que su mundo familiar pronto va a desaparecer. En «Él que inventó la pólvora», Carlos Fuentes crea su visión exagerada de hasta dónde puede llegar la aceleración de la obsolescencia en los productos de consumo. El «último modelo» de hoy mañana está pasado de moda. Las cosas se fabrican mal para que duren poco, de modo que es siempre necesario reemplazarlas con otras nuevas. En vez de sentirse uno dueño de cosas, se siente controlado por ellas o por las fuerzas económicas que influyen en la fabricación de las cosas. Estas consideraciones económicas están relacionadas con otras políticas—o por lo menos tienen consecuencias políticas. ¿Consiste la solución en comenzar de nuevo? ¿Es ésta una solución simplista en la que ni cree Fuentes? ¿La han compartido otros?

Los cuentos de García Márquez y de Delibes nos presentan personajes que parecen menos capaces de encontrar la felicidad, según y cómo la entienden muchas personas de la clase media. Pero éstos son precisamente los que alcanzan a sentir cierta solidaridad los unos con los otros. Estos personajes son de todos los tiempos, los clásicos tipos alienados que no tienen ningún papel en la sociedad respetable. En una acción literaria de poca duración se ven muy solitarios, casi desesperados. Ni el presente ni el futuro les ofrece la menor esperanza. Pero logran sentirse parte de una reducida comunidad humana por algunos momentos, tal vez porque dejan de pensar sólo en los propios problemas. La dignidad, el respeto y el amor mutuo cobran una mayor importancia en sus circunstancias.

ANA MARÍA MATUTE

(1926–   )

Ana María Matute llegó a ser una de los más importantes novelistas de los años posteriores a la Guerra Civil en España (1936–1939), ganando premio tras premio por sus novelas y cuentos. Pasó los diez primeros años de su vida en Barcelona, su ciudad natal, y en Madrid. La ocupó mucho el mundo de la imaginación durante tres largos períodos de convalescencia. Además, viéndose aislada durante la Guerra Civil, comenzó a escribir y hasta «publicar» una revista para sus amigos y hermanos. Casi todos los años veraneó con su familia en casa de su abuela en Mansilla de la Sierra, pueblo de Castilla la Vieja cerca de la frontera con Navarra. Este pueblo sirvió de escenario para *Historias de la Artámila* (1961), libro de tono melancólico en el cual se incluyó «Los chicos». En este pueblo conoció de cerca la vida del campo en una tierra donde la intolerancia hacia los forasteros se expresa en formas a veces crueles.

«Los chicos» nos ofrece una visión personal y a la vez universal de la niñez. Para Matute, el mundo del niño existe aparte y no lo puede conocer fácilmente el adulto. En su existencia solitaria el niño tiene una comprensión muy limitada del mundo; y, lo que es tal vez peor, la comunicación con otros es difícil. La niña del cuento parece ser la escritora misma, que fue testigo, con un hermano suyo, de un episodio semejante al que narra. Aquella experiencia se convirtió para la escritora en un momento simbólico: el nacer a la consciencia de la injusticia social, problema que la ha preocupado a lo largo de los años. En este cuento surge la intuición fundamental de que, a pesar de las diferencias entre los dos grupos de niños, un niño es un niño y que ningún niño es del todo malo ni del todo bueno. Por otra parte, este cuento puede asociarse con la nostalgia de Matute con respecto a la Artámila. La represa que construyen los prisioneros es ya una realidad y el pueblo donde veraneó la autora y su familia ya yace bajo un lago artificial.

Lecturas recomendadas: «El mundelo», «Pecado de omisión» y «El perro perdido», de *Historias de la Artámila*

CUESTIONARIO

1. ¿Cuántos chicos forman el grupo? ¿Qué hacen? ¿Por qué parece que hay tantos?

2. ¿Por qué creen la narradora y los demás que los chicos son diablos?

3. ¿Por qué les resulta tan tentador ir a donde están los chicos?

4. En realidad, ¿quiénes son los chicos? ¿Dónde viven?

5. ¿Por qué trata la gente del pueblo tan mal a los chicos y a sus familias?

6. ¿Cómo se portan los chicos con la narradora y su grupo?

7. ¿Quién es Efrén? ¿Cómo es? ¿Por qué razón capitanea a los demás?

8. ¿Qué cree Efrén al ver el miedo que sus amigos les tienen a los chicos?

9. ¿Dónde están y qué hacen Efrén y los otros cuando los chicos aparecen?

10. ¿Qué hacen los chicos? ¿Y cuando les parece que no hay nadie?

11. ¿Desde dónde observan la acción la narradora y su hermano?

12. Describa lo que hace Efrén para atrapar al chico. Después de atraparlo, ¿qué trato le da Efrén al chico?

13. ¿Qué hacen los demás mientras Efrén golpea al chico?

14. ¿Cómo es el chico?

15. ¿En qué sentido cambia la narradora sus ideas acerca del chico después de verlo de cerca?

16. ¿A dónde se va Efrén con los otros muchachos?

17. ¿Qué piensa la narradora mientras ella mira al chico?

18. Al final del cuento, ¿qué piensa la narradora acerca del chico atrapado?

LOS CHICOS

Eran sólo cinco o seis, pero así, en grupo, viniendo carretera adelante,[1] se nos antojaban quince o veinte. Llegaban casi siempre a las horas achicharradas[2] de la siesta, cuando el sol caía de plano[3] contra el polvo y la grava desportillada de la carretera vieja, por donde ya no circulaban camiones ni carros, ni vehículo alguno. Llegaban entre una nube de polvo, que levantaban sus pies, como las pezuñas de los caballos. Los veíamos llegar y el corazón nos latía de prisa. Alguien, en voz baja, decía: «¡Que vienen los chicos...!» Por lo general, nos escondíamos para tirarles piedras, o huíamos.

Porque nosotros temíamos a los chicos como al diablo. En realidad, eran una de las mil formas del diablo, a nuestro entender.[4] Los chicos harapientos, malvados, con los ojos oscuros y brillantes como cabezas de alfiler negro. Los chicos descalzos y callosos, que tiraban piedras de largo alcance, con gran puntería, de golpe más seco y duro que las nuestras.[5] Los que hablaban un idioma entrecortado, desconocido, de[6] palabras como pequeños latigazos, de risas como salpicaduras de barro. En casa nos tenían prohibido terminantemente entablar relación alguna con esos chicos. En realidad, nos tenían prohibido salir del prado, bajo ningún pretexto. (Aunque nada había tan tentador, a nuestros ojos, como saltar el muro de piedras y bajar al río que, al otro lado, huía verde y oro, entre los juncos y los chopos.) Más allá, pasaba la

---

[1] but in a group like that, coming down the highway

[2] during the scorching hot hours

[3] straight down

[4] in our opinion

[5] The barefoot boys with calloused feet who threw stones at long range, with great marksmanship, (landing them) with a force sharper and greater than ours.

[6] with

carretera vieja, por donde llegaban casi siempre aquellos chicos distintos, prohibidos.

Los chicos vivían en los alrededores del Destacamento Penal.[7] Eran los hijos de los presos del Campo, que redimían sus penas en la obra del pantano.[8] Entre sus madres y ellos habían construido una extraña aldea de chabolas y cuevas, adosadas a las rocas, porque no se podían pagar el alojamiento en la aldea, donde, por otra parte, tampoco eran deseados. «Gentuza, ladrones, asesinos...», decían las gentes del lugar. Nadie les hubiera alquilado una habitación. Y tenían que estar allí. Aquellas mujeres y aquellos niños seguían a sus presos, porque de esta manera vivían del jornal que, por su trabajo, ganaban los penados.

Para nosotros, los chicos eran el terror.[9] Nos insultaban, nos apedreaban, deshacían nuestros huertecillos de piedra[10] y nuestros juguetes, si los pillaban sus manos. Nosotros los teníamos por seres de otra raza, mitad monos, mitad diablos. Sólo de verlos nos venía un temblor grande, aunque quisiéramos disimularlo.

El hijo mayor del administrador era un muchacho de unos trece años, alto y robusto, que estudiaba el bachillerato[11] en la ciudad. Aquel verano vino a casa de vacaciones, y desde el primer día capitaneó nuestros juegos. Se llamaba Efrén y tenía unos puños rojizos, pesados como mazas, que imponían un gran respeto.[12] Como era mucho mayor que nosotros, audaz y fanfarrón, le seguíamos a donde él quisiera.[13]

El primer día que aparecieron los chicos de las chabolas, en tropel,[14] con su nube de polvo, Efrén se sorprendió de que echáramos a correr y saltáramos el muro en busca de refugio.

—Sois cobardes—nos dijo. —¡Ésos son pequeños!

No hubo forma de convencerle de que eran otra cosa: de que eran algo así como[15] el espíritu del mal.

—Bobadas—dijo. Y sonrió de una manera torcida y particular, que nos llenó de admiración.

---

[7] penal colony
[8] of the internment camp, where they were working off their sentences in construction of a dam
[9] terror personified
[10] they destroyed our play gardens built of stones

[11] who was doing his secondary school studies
[12] that commanded great respect
[13] wherever he wanted
[14] in a mad rush
[15] something like

Al día siguiente, cuando la hora de la siesta, Efrén se escondió entre los juncos del río. Nosotros esperábamos, ocultos detrás del muro, con el corazón en la garganta. Algo había en el aire que nos llenaba de pavor. (Recuerdo que yo mordía la cadenilla de la medalla[16] y que sentía en el paladar un gusto de metal raramente frío. Y se oía el canto crujiente de las cigarras entre la hierba del prado.) Echados en el suelo, el corazón nos golpeaba contra la tierra.

Al llegar, los chicos escudriñaron hacia el río, por ver si estábamos buscando ranas, como solíamos. Y para provocarnos empezaron a silbar y a reír de aquella forma de siempre,[17] opaca y humillante. Ése era su juego: llamarnos, sabiendo que no apareceríamos. Nosotros seguimos ocultos y en silencio. Al fin, los chicos abandonaron su idea y volvieron al camino, trepando terraplén arriba.[18] Nosotros estábamos anhelantes y sorprendidos, pues no sabíamos lo que Efrén quería hacer.

Mi hermano mayor se incorporó a mirar por entre las piedras y nosotros le imitamos. Vimos entonces a Efrén deslizarse entre los juncos como una gran culebra. Con sigilo[19] trepó hacia el terraplén, por donde subía el último de los chicos, y se le echó encima.[20]

Con la sorpresa, el chico se dejó atrapar. Los otros ya habían llegado a la carretera y cogieron piedras, gritando. Yo sentí un gran temblor en las rodillas, y mordí con fuerza la medalla. Pero Efrén no se dejó intimidar. Era mucho mayor y más fuerte que aquel diablillo negruzco que retenía entre sus brazos, y echó a correr arrastrando a su prisionero hacia el refugio del prado, donde le aguardábamos. Las piedras caían a su alrededor[21] y en el río, salpicando de agua aquella hora abrasada. Pero Efrén saltó ágilmente sobre las pasaderas,[22] y arrastrando al chico, que se revolvía furiosamente, abrió la empalizada y entró con él en el prado. Al verlo perdido, los chicos de la carretera dieron media vuelta y echaron a correr, como gazapos, hacia sus chabolas.

Sólo de pensar que[23] Efrén traía a una de aquellas furias, y estoy segura de que mis hermanos sintieron el mismo pavor que

---

[16] chain with a religious medal on it
[17] in that same way they always did
[18] climbing up the embankment
[19] silently
[20] and fell upon him

[21] around him
[22] jumped with agility over the stepping stones
[23] The mere thought that

yo. Nos arrimamos al muro, con la espalda pegada a él, y un gran frío nos subía por la garganta.

Efrén arrastró al chico unos metros, delante de nosotros. El chico se revolvía desesperado e intentaba morderle las piernas, pero Efrén levantó su puño enorme y rojizo, y empezó a golpearle la cara, la cabeza y la espalda. Una y otra vez, el puño de Efrén caía, con un ruido opaco. El sol brillaba de un modo espeso y grande, sobre la hierba y la tierra. Había un gran silencio. Sólo oíamos el jadeo del chico, los golpes de Efrén y el fragor del río, dulce y fresco, indiferente, a nuestras espaldas.[24] El canto de las cigarras parecía haberse detenido. Como todas las voces.

Efrén estuvo mucho rato golpeando al chico con su gran puño. El chico, poco a poco, fue cediendo. Al fin, cayó al suelo de rodillas, con las manos apoyadas en la hierba. Tenía la carne oscura, del color del barro seco, y el pelo muy largo, de un rubio mezclado de vetas negras, como quemado por el sol. No decía nada y se quedó así, de rodillas. Luego, cayó contra la hierba, pero levantando la cabeza, para no desfallecer del todo. Mi hermano mayor se acercó despacio, y luego nosotros.

Parecía mentira lo pequeño y lo delgado que era.[25] «Por la carretera parecían mucho más altos», pensé. Efrén estaba de pie a su lado, con sus grandes y macizas piernas separadas, los pies calzados con gruesas botas de ante. ¡Qué enorme y brutal parecía Efrén en aquel momento!

—¿No tienes aún bastante?—dijo en voz muy baja, sonriendo. Sus dientes, con los colmillos salientes,[26] brillaron al sol. —Toma,[27] toma...

Le dio con la bota en la espalda. Mi hermano mayor retrocedió un paso y me pisó. Pero yo no podía moverme: estaba como clavada en el suelo. El chico se llevó la mano a la nariz.[28] Sangraba, no se sabía si de la boca o de dónde.

Efrén nos miró.

—Vamos—dijo. —Éste ya tiene lo suyo.[29]

Y le dio con el pie otra vez.

—¡Lárgate, puerco! ¡Lárgate en seguida!

---

[24] behind us
[25] It was hard to believe how small and thin he was.
[26] with his protruding eyeteeth
[27] Take that
[28] raised his hand to his nose
[29] This fellow has gotten his.

Efrén se volvió, grande y pesado, despacioso, hacia la casa. Muy seguro de que le seguíamos.

Mis hermanos, como de mala gana, como asustados, le obedecieron. Sólo yo no podía moverme, no podía, del lado del chico. De pronto, algo raro ocurrió dentro de mí. El chico estaba allí, tratando de incorporarse, tosiendo. No lloraba. Tenía los ojos muy achicados, y su nariz, ancha y aplastada, vibraba extrañamente. Estaba manchado de sangre. Por la barbilla le caía la sangre,[30] que empapaba sus andrajos y la hierba. Súbitamente me miró. Y vi sus ojos de pupilas redondas, que no eran negras sino de un pálido color de topacio, transparentes, donde el sol se metía y se volvía de oro.[31] Bajé los míos, llena de una vergüenza dolorida.

El chico se puso en pie, despacio. Se debió herir[32] en una pierna, cuando Efrén lo arrastró, porque iba cojeando hacia la empalizada. No me atreví a mirar su espalda, renegrida y desnuda entre los desgarrones. Sentí ganas de llorar, no sabía exactamente por qué. Únicamente supe decirme: «Si sólo era un niño. Si era nada más que un niño, como otro cualquiera.»

LA VIVENCIA

1. ¿Son naturales los prejuicios? ¿Las actitudes de los mayores influyen en las ideas y en la conducta del grupo capitaneado por Efrén? ¿Cuándo y cómo logra la narradora ver con claridad que los adultos y sus amigos estaban equivocados? ¿Por lo general, qué condiciones o qué circunstancias ayudan a las personas a cambiar de ideas y a tolerar a otros?

2. ¿En qué sentido son los chicos como diablillos? ¿Cuáles son las características de los diablillos? ¿Es significativa la contradicción entre la caracterización de sus ojos como «oscuros y brillantes como cabezas de alfiler negro» antes del encuentro y el hecho de que son azules los ojos del chico vencido al final? ¿Por qué es necesario que los chicos parezcan tener poderes sobrenaturales?

---

[30] His blood was running down over the tip of his chin

[31] which the sunlight entered and turned to gold

[32] He must have been injured

3. ¿En qué momento sabe el lector que la persona que narra el cuento es femenina? ¿Es importante que sea una chica la narradora de este encuentro entre los dos bandos de chicos? ¿Tienen las muchachas un punto de vista distinto sobre la realidad? ¿Son naturalmente más justas?

PERSPECTIVAS LITERARIAS

1. Efrén es el único personaje que lleva nombre propio. Además, la narradora alude repetidamente—casi con las mismas palabras—a ciertas características suyas. ¿Es que la narradora tiene intención de convertirle a Efrén en un héroe? ¿Es esta representación heroica de Efrén del todo sincera—y constante—a lo largo del cuento?

2. Hay una perspectiva doble sobre la acción: la de la niña que participa en la acción misma y la de la mujer adulta que mira hacia atrás con nostalgia y con ironía. Explique cómo las dos perspectivas afectan al lector. ¿Resulta más interesante el cuento porque sabemos que recuerda una experiencia de la autora misma?

IGNACIO ALDECOA

(1925–1969)

Nacido en Vitoria, en el país vasco, Aldecoa estudió en la Facultad de Filosofía y Letras de la Universidad Complutense (Madrid). Sus novelas y cuentos en gran parte plantean los problemas económicos y sociales de los españoles de existencia anodina y gris—mujeres de guardias civiles, gitanos, obreros, antiguos soldados—de los años posteriores a la Guerra Civil (1936–1939). Su novela-reportaje *Gran sol*, que trata de pescadores, ganó el Premio de la Crítica de 1958.

Sus personajes en general no son heroicos, y la relación entre las circunstancias y las acciones de sus personajes resultan algo borrosas, como en el cuento «Al otro lado». En este cuento Aldecoa presenta una realidad social y económica que se ha conocido en gran parte del mundo—más en el Tercer Mundo que en España—como resultado de la migración de familias del campo y de los pueblos en busca de empleo y una vida mejor en las ciudades principales. Estos pobres se han visto obligados a improvisar, como en este caso, pueblos de chabolas, de chozas o de ranchos en las afueras de las ciudades. Pero la falta de preparación de los recién llegados y la falta de empleo en estos centros urbanos en muchos casos frustran las esperanzas, aumentan la miseria y aun llevan a la desesperación.

Las imágenes evocadoras de la pobreza en este cuento no dejan lugar a dudas con respecto a las circunstancias de la familia Jurado. Y comentar lo obvio no ayudaría al lector a *sentir* lo que sienten pero apenas expresan estos personajes que se comunican con pocas palabras. Aldecoa trata de conseguir que *compartamos* esa experiencia mediante alusiones a la naturaleza y al perro, cuya existencia está íntimamente relacionada con la de la familia. Aunque la acción del cuento transcurre en una sola tarde y parece no pasar gran cosa, el lector debe recordar que está presenciando el clímax de un drama que comenzó hace mucho. Lo que parece ser acción poco profunda expresa una realidad sociológica y psicológica intensa.

Lecturas recomendadas: «Tras la última parada» y «Un cuento de Reyes», de *El corazón y otros frutos amargos*

CUESTIONARIO

1. ¿Cómo es el perro?

2. Describa el interior de la chabola.

3. ¿Cómo son los personajes?

4. ¿En qué consiste el dilema de la familia?

5. ¿Cuáles son los juguetes del niño?

6. ¿A qué se dedica Martín en la ciudad?

7. ¿Qué esperanzas le llevaron a la ciudad?

8. ¿Por qué ve Martín frustradas sus esperanzas? ¿Por qué se siente extranjero?

9. En el encuentro de Martín con el vecino, ¿por qué no quiere éste hablar y desvía los ojos?

10. ¿Por qué siente ira Martín?

11. Al volver a la chabola, ¿qué le dice Martín a Prudencia?

12. ¿Cuál es la respuesta de la mujer?

13. ¿Qué explicación da Martín por haber tomado la decisión de marcharse?

14. ¿Por qué empieza Prudencia a tararear una canción de aceituneros?

15. Cuando Martín dice que al otro lado no hay nada, ¿a qué se refiere?

AL OTRO LADO

Desde el interior, por el hueco de la puerta, lanzaron un cubo de agua sucia a la calle. El perro, que dormitaba cercano al umbral, huyó con los cuartos traseros alobados de miedo, el rabo capón perdido entre las patas.[1] Paró carrera[2] a una veintena de metros, a pleno sol. Se sacudió. Giró la cabeza para tomar enemigo.[3] Nada se oía. Alzó las orejas. Se tensó en guardia. Los ojos, estriados de venillas coloradas, observaron cautelosos. Ladró asustado. Su propia voz le produjo un espeluzno.[4] Gañió. Silencio. Estaba todo tranquilo y solitario. Agachó la cabeza, husmeó el suelo y se decidió. Lentamente fue acercándose. Dos veces se detuvo. Cogió confianza y avanzó más rápido. La tierra, endurecida y húmeda, le hizo buscar otro lugar donde tumbarse. Dio vueltas en pausado remolino[5] hasta que se echó. A los pocos momentos dormía en ovillo.[6]

En el interior de la chabola, oscuridad; oscuridad cargada de modorra. Una mujer friega[7] platos metálicos en un cubo. Un hombre duerme, al fondo, tendido en el suelo, la cabeza invisible bajo un periódico abierto a doble plana.[8] Medio cuerpo cubierto con una camiseta agujereada, medio sin tapujos, un chiquillo panzudo[9] se mueve con torpeza de cachorro de un lado a otro. Se atusa el pelo la mujer con el dorso de la mano, hinchada y roja, que saca del agua grasa, ocre, espumeante. Vuelve la cabeza hacia el cajón

---

[1] he fled with his hindquarters sloped in fear, his clipped tail between his legs
[2] He stopped running
[3] in order to listen for hostile sounds
[4] gave him a chill
[5] He slowly moved around in circles
[6] curled-up
[7] scrubs
[8] under a wide-open newspaper
[9] half undressed, a big-bellied young boy

sobre el que blanquea un trapo, alegran flores en un bote[10] y pica el tiempo un reloj despertador.

—¡Martín!

Llama la mujer suavemente, tal vez un poco temerosa. El hombre que duerme no se mueve.

—¡Martín!—levanta el tono. —¡Que son las tres!

El durmiente hace un movimiento previo de estirar las piernas. Se incorpora de golpe, apartando el periódico que cruje entre sus manos. Tiene los ojos medio cerrados, abultados de sueño.[11] Sopla. Tras soplar, pregunta:

—¿Ya son las tres, Prudencia?

—Sí, ya son las tres. Has de ir a la ciudad.

—Sí, sí; desde luego.

El niño, sentado en el suelo, se lleva algo a la boca. Prudencia le mira.

—Paquito, cochinísimo, tira lo que tienes en la mano.

El niño queda en suspenso, con los ojos avizorantes.

—Tira eso, hijo, o mamá te va a dar azotes.[12]

Es la escena de siempre.[13] Martín abre las piernas al pasar sobre el niño. Se asoma a la puerta. La cruda luz le deslumbra. Vuelve al interior.

—¿Prudencia, hay un poco de agua para que me pueda refrescar?

—Sí, hombre.

—Vaya calor el de hoy.[14] El río viene cada vez más bajo.

Prudencia recuerda:

—No olvides los papeles, que te los pedirán.

—Los llevo en la chaqueta.

—Bueno.

Los enseres son pocos en la chabola: un colchón de saco y paja; algunas cajas vacías; una maleta de cartón roídas las cantoneras;[15] dos cubos; platos de metal y pucheros ahumados; la ropa colgada de un clavo junto a la puerta; mantas dobladas haciendo cojín de una silla de las llamadas de tijera;[16] un rebujo de trapos...

---

[10] some flowers in a jar brighten up things
[11] puffy with sleep
[12] Mommy is going to beat you
[13] It's the usual scene
[14] This is some heat today.

[15] a cardboard suitcase with worn corner reinforcements
[16] folded blankets forming the cushion for a chair of the so-called folding kind

La chabola está construida con un trozo de valla, hojalatas, piedras grandes, ladrillos viejos, ramas y papeles embreados, además de otros materiales de difícil especificación. Los papeles embreados han sido cubiertos de limo, ya seco, para que no se ablanden con el calor. A pesar de las precauciones tomadas por Martín se descuelgan breves estalactitas negras por alguna juntura del techo y churretones lacrimosos por las paredes. En la chabola huele a brea, a recocido de ranchada,[17] a un olor animal, violento, de suciedad y miseria. Se sienten los ruidos de las chapas, el zumbido de los insectos, un largo gemido de madera seca de sol.[18] Lejana se oye a la cigarra monotonizar a la orilla del río, en un árbol. Duermen en esta hora, en los rincones, las arañitas que pican de noche los párpados. Duerme el mal bicho[19] que espanta, en las fronteras de la madrugada, el sueño del chiquillo.

Es la chabola de Martín Jurado y su mujer una más de las que se extienden a la orilla derecha del río, frente a la ciudad, blanca y hermosa, al otro lado.

Martín se ha lavado y está dispuesto a marchar. Al ir a salir repara que una avispa ronda la cabeza de su hijo, distraído en su juego de tatuar el suelo con un clavo roñoso. Martín golpea el aire con la boina de color humo, vieja y sin forro, endurecida de sebo en los bordes. Acierta a la avispa. Ésta, moribunda, se revuelve con furia. Martín sale a la claridad total del campo,[20] afueras de la ciudad. El poblado de los forasteros, de los que llegaron a la ciudad en busca de trabajo, está callado, solitario, al parecer inhabitado. Cambia de árbol la cigarra. Espejea el río. Al pasar el puente, Martín lo contempla un momento. Es de débil corriente. No se mueven las plantas de agua alargadas en tirabuzones.[21] Martín camina inquieto. Tras él queda el aduar de las gentes de afuera.[22]

Prudencia quiere quitar de las manos de su hijo el clavo roñoso con el que el niño ha machacado el cuerpo poco vibrátil de la avispa.[23] Se resiste el chiquillo, y ha de cambiar la madre el clavo por un peine roto. El simple juguete le alboroza. Del peine nace

---

[17] reheated leftovers
[18] sun-dried wood
[19] the wicked creature
[20] full bright light of the countryside

[21] water plants stretched out in corkscrew curls
[22] the outsiders' camp
[23] the barely vibrating body of the wasp

un terco zumbar de insecto prisionero. Prudencia está en la calle. Duerme el perro calentado por el sol, corrida la sombra con la hora.[24] Perro flaco y de poco medro.[25] Perro mil padres y ninguno bueno,[26] peludo, roano, morro de mono. Perro de husma de vertederos,[27] de crueles diversiones de muchachos, de mal fin en caza de laceros. El perro se despierta atosigado de calor, palpitantes los flancos, la lengua afuera. Se entra Prudencia y el perro tras de ella. Éste se acerca al niño, que le mete una mano entre las fauces y luego le tira de las orejas. El perro le lengüetea. Prudencia almacena ropa en un cubo; encima de la ropa, un pequeño trozo de jabón verde de berzal.

—¿Quieres venir al río, Paquito?

El niño balbucea. A un brazo, el hijo; al otro, el cubo de la breve colada. De salida[28] no cierra Prudencia la puerta inútil de la chabola. Anda veloz. Las piernas blancas, con pelotones de músculos azuleados de varices.[29] Martín anda dando vueltas por la ciudad. Cuando llegó con su familia se presentó en los talleres de pintura decorativa en busca de trabajo. Martín, pintor de brocha gorda,[30] regular oficial, allá en su pueblo grandote había hecho de todo. Sin embargo, decidió marcharse aconsejado del hambre. Las oportunidades, creyó él, están esperando a la misma entrada de las grandes ciudades, en los fielatos.[31] Pero en la entrada de las grandes ciudades y en el corazón de las grandes ciudades las oportunidades para el forastero pobre se escapan con grotescos saltos de langosta. Al ir a ser cogidas brincan,[32] se van, y detrás no queda nada, o queda desesperación, un poco de desesperación.

Martín Jurado hizo alto con su familia a la orilla del río, frente a la ciudad, en un pueblo como un pájaro negro, pronto a levantar el vuelo[33] hacia cualquier región o provincia donde se pudiera trabajar. Martín sonreía al llegar, pero sus labios están ya demasiado apretados para la sonrisa, y ahora...

Ahora Martín Jurado sigue dando vueltas por la ciudad. Es un

---

[24] the shade having retreated with the hour
[25] not very thriving
[26] Bastard mongrel dog
[27] Dog for snooping in dumps
[28] On leaving
[29] with large balls of muscles made blue by varicose veins
[30] house painter
[31] Office to collect taxes on provisions entering a city (no longer in existence)
[32] When they are about to be caught, they jump
[33] in a town (he stopped) like a blackbird, soon to take flight

forastero del otro lado del río, hombre que inspira alguna desconfianza. Sabe que primero son los de casa, los de la ciudad, y
después él y sus vecinos. Martín se siente extranjero: ellos están
fuera de la ciudad, la ciudad tiene fronteras con *ellos*.

Encuentra Martín a un vecino apoyado en una esquina, junto a
un gran anuncio de teatro.

—¿Qué haces tú aquí?—le pregunta.

—¿Y tú?

Martín se encoge de hombros.[34]

—Ni sé...

—¿Has encontrado algo?

—No.

Se miran los dos hombres. El vecino desvía los ojos y sigue con
la vista a una anciana señora apoyada en un bastón, sostenida del
brazo derecho por una mujer joven.

—El asunto cada vez está peor—dice Martín.

El otro contesta, al parecer despreocupado:

—Sí, cada vez está peor.

—¿Sabes qué hora es?

—Las ocho por lo menos.

—Pues yo me vuelvo para allá. ¿Vienes?

—No, me quedo.

Martín echa a andar sin tener que sortear a la gente. Se le
ocurre volver la cabeza. Se fija en la esquina. Su vecino extiende la
mano en un gesto tímido de petición. Alguien le deja algo en ella.

No supo Martín si era ira lo que sentía. Apresuró el paso.
Buscó las calles vacías. Fue bajando hacia el río. Cruzó el puente.
Las primeras sombras ennegrecían las aguas; los últimos resplan-
dores del sol reflejaban en las nubes unas manchas rojas. Martín
descendió a la orilla.

A las puertas de las chabolas discutían sus habitantes. Martín
pasó cuatro; la quinta era la suya. Sentada en un cajón descansaba
su mujer con el niño sobre las rodillas. Se reconocía el perro a
unos pasos. Prudencia le vio llegar. Le dijo Prudencia:

—Nada, ¿verdad?

—Nada.

—Bueno, siéntate, hombre.

Prudencia se levantó y le dejó sitio[35] a su marido. Quedaron los

---

[34] shrugs his shoulders   [35] made room for

dos en silencio. Martín comenzó a hablar muy lentamente.

—Nos tenemos que volver al pueblo, Prudencia.

—¿Tú crees que tenemos que volver?

—Sí, nos tenemos que volver.

Martín calló. Luego volvió a afirmar:

—Sí, nos tenemos que volver.

—Bien, Martín, lo que tú digas, pero ya sabes que allá...

Las sombras abarcaban todo el río. Todavía brillaba alta y blanca, en el anochecer casi azul, la ciudad, al otro lado. Volaban los murciélagos sobre las aguas, unas a otras se contestaban las ranas.

—¿Prendo el carburo, Martín?

—No, trae mosquitos.

—Te he preparado unos tomates, Martín.

—Bueno, mujer.

El niño dormía sobre el pecho materno.

—Prudencia, no vamos a esperar a tener que pedir, a que nos echen por pedir. Mañana nos largamos.

—¿Mañana?

—Sí. Nos darán el billete en la Alcaldía, no te preocupes.

El perro se fue a refugiar entre las piernas de Prudencia. Se despertó el niño. Prudencia bajó la voz y palmeó las nalgas de su hijo. La voz era un soplo.

—Duérmete, hijo, duérmete.

Y comenzó a tararear una canción de los aceituneros de su tierra. Martín Jurado miró al sereno, profundo cielo del verano. Susurró:

—¿Prudencia?

—¿Qué?

—Tú, ¿qué dices?

—Yo lo que tú, si es que al otro lado no hay nada...

—No, al otro lado no hay nada.

Prudencia suspiró. Del río llegaba un ligero frescor. Martín se levantó. La ciudad iba perdiendo blancor, haciéndose sombra de mil ojos.[36] Martín se entró a la oscuridad de su chabola.

---

[36] becoming a thousand-eyed shadow

LA VIVENCIA

1. ¿Se ha conocido la migración de grandes poblaciones del campo a las ciudades en los Estados Unidos? ¿Dónde han podido vivir estos grupos? ¿Han sido muy diferentes sus experiencias a las descritas en el cuento?

2. ¿Qué aspectos de la vida familiar e individual sirven para demostrar que Martín, Prudencia y su hijo son iguales que los otros seres humanos que no se ven en circunstancias tan apremiantes? Pero Martín se siente «extranjero» en la ciudad y cree que existen fronteras entre él y «ellos». ¿Qué se necesita para sentirse parte de la sociedad?

3. ¿Existe para Martín y Prudencia una dimensión espiritual? Cuando aluden al «otro lado» al final del cuento, ¿hablan de la ciudad? ¿Hablan de Dios? ¿Cómo se sabe?

PERSPECTIVAS LITERARIAS

1. El perro aparece varias veces en el cuento. ¿Qué siente el lector por este perro? ¿Influye en nuestras reacciones hacia los personajes? ¿Qué problemas de composición soluciona Aldecoa refiriéndose a este perro?

2. Los sonidos monótonos y desagradables, los olores repugnantes, la luz despiadada, el calor insoportable, la oscuridad hostil—todos forman parte de la experiencia directa del pobre. Busque los pasajes en que Aldecoa evoca la experiencia de sus personajes con estos aspectos de la realidad. ¿Logra él convencernos en estas alusiones de que la pobreza descrita no es solamente «teórica»?

3. Aldecoa trata de evitar decirnos lo que piensan sus personajes. Prefiere que nosotros nos imaginemos los pensamientos que preceden y acompañan a las pocas palabras que emplean. ¿Sería posible inventar para uno de los diálogos esta dimensión interior de la realidad? ¿Qué ventaja hay al incluir esta intervención del narrador? ¿Qué desventaja?

CARLOS FUENTES

(1928–   )

Nacido en la Ciudad de México, Carlos Fuentes repartió su niñez entre su ciudad natal y Wáshington, D.C. A partir de los veinticuatro años pasó por una época bastante turbulenta de rebeldía contra su familia y la clase media, haciéndose marxista y miembro del Partido Comunista. «El que inventó la pólvora» es de aquella época de los 1950. En 1964, después de la publicación de su novela *La muerte de Artemio Cruz* y ya todo un novelista de fama internacional, Fuentes rompió con el Partido Comunista por motivos intelectuales. En los últimos años ha seguido escribiendo al mismo tiempo que se ha dedicado a la enseñanza (en la universidades Princeton y Harvard), y a su manera intenta mejorar las relaciones entre los Estados Unidos y Latinoamérica.

«El que inventó la pólvora» es un cuento de juventud. No es tan «exótico» como algunos cuentos de la colección en que se publicó, *Los días enmascarados* (1954), en los que se les presenta a los dioses primitivos de México como símbolos de los horribles instintos humanos. Sin embargo, el cuento lleva en el fondo la misma preocupación por el papel de la subconsciencia o inconsciencia en la vida actual, ofreciéndonos una interpretación apocalíptica de la sociedad de consumo del capitalismo contemporáneo. Y al fin, en un mundo inundado de basura—no de agua, como en los tiempos bíblico-míticos de Noé—, surge la esperanza de que todo pueda comenzar de nuevo. Inspirado en la ciencia ficción y con intención satírica, el cuento relata la progresiva aceleración de tendencias hacia la obsolescencia durante la que se denomina una nueva revolución industrial. En este caso las leyes naturales parecen alterarse y entramos en un mundo fantástico. Este mundo tiene algunas características en común con el de los cuentos para niños y otras en común con el surrealismo. Con la aceleración cada vez mayor de la obsolescencia, el lector se siente preso de una pesadilla: las cosas fabricadas apenas duran unos minutos y los que las producen tienen que consumirlas inmediatamente. Aunque este cuento expresa un punto de vista ideológico contrario al capitalismo, es difícil creer que las mismas observaciones no se les hayan ocurrido a muchos pensadores que se denominan «conservadores», que tampoco tienen paciencia con los productos fabricados para no durar mucho.

El título del cuento es una expresión conocida de todos y sirve para aludir a una persona ingenua o ignorante que cree haber hecho un gran invento. La expresión en inglés para aludir a esto sustituye «la rueda» por «la pólvora».

Lectura recomendada: *Los días enmascarados,* cuentos

CUESTIONARIO

1. Según el narrador, ¿cuáles eran las actitudes socioeconómicas que más influían en su tiempo?

2. ¿Qué significa la sentencia del ingeniero norteamericano?

3. ¿Cuál fue el primer síntoma de que el mundo cambiaba?

4. ¿En qué sentido el cambio crea un mundo en el cual nunca se sabe qué va a pasar mañana?

5. ¿Por qué no querían los propietarios de cosas valiosas hablar de lo que estaba pasando?

6. ¿Fue un éxito el plan de los industriales?

7. ¿Por qué se evitaba comprar al mayoreo?

8. ¿Qué aspectos de la vida cambiaron a causa del rápido deterioro de los productos?

9. ¿Cómo cambió la situación después de seis meses?

10. ¿Cuál fue la reacción del narrador ante el programa para vender carros?

11. ¿Cómo recibió la gente la nueva revolución industrial?

12. ¿Qué sectores de la vida socioeconómica fueron más afectados?

13. Cuando los edificios y los libros comenzaron a deshacerse, ¿la revolución parecía una mejora?

14. Después de terminar el período que «parecía regirse por el signo de las veinticuatro horas», ¿cómo quedó la ciudad?

15. ¿Qué plan «ingenioso» desarrollaron las autoridades para «salvar la situación»?

16. ¿Por qué no tenía sentido trabajar en un banco? ¿Era más «racional» trabajar en un arsenal?

17. ¿Cómo quedó el mundo después de un año?

18. ¿Con qué propósito regresó el narrador a su casa?

19. ¿En qué sentido le ayudó a entenderse a sí mismo la lectura de *Treasure Island*?

20. ¿Qué echa de menos en su mundo? ¿Por qué no había pensado en esto antes?

21. ¿Qué representan las semillas de hortaliza?

22. ¿Qué representa el hongo azul?

23. Explique el último párrafo.

EL QUE INVENTÓ
LA PÓLVORA

Uno de los pocos intelectuales que aún existían en los días anteriores a la catástrofe expresó que quizá la culpa de todo la tenía Aldous Huxley.[1] Aquel intelectual—titular de la última cátedra de sociología, durante el año famoso en que a la humanidad entera se le otorgó un Doctorado Honoris Causa,[2] y clausuraron sus puertas todas las Universidades—, recordaba todavía algún ensayo de *Music at Night:* los esnobismos[3] de nuestra época son el de la ignorancia y el de la última moda; y gracias a éste se mantienen el progreso, la industria y las actividades civilizadas. Huxley, recordaba mi amigo, incluía la sentencia de un ingeniero norteamericano: «Quien[4] construya un rascacielos que dure más de cuarenta años es traidor a la industria de la construcción.» De haber tenido el tiempo[5] necesario para reflexionar sobre la reflexión de mi amigo, acaso hubiera reído, llorado, ante su intento estéril de proseguir el complicado juego de causas y efectos, ideas que se hacen acción, acción que nutre ideas. Pero en esos días, el tiempo, las ideas, la acción, estaban a punto[6] de morir.

La situación, intrínsecamente, no era nueva. Sólo que, hasta entonces, habíamos sido nosotros, los hombres, quienes la provocábamos. Era esto lo que la justificaba, la dotaba de humor y la hacía inteligible. Éramos nosotros los que cambiábamos el automóvil viejo por el de este año. Nosotros, quienes arrojábamos las cosas inservibles a la basura. Nosotros, quienes optábamos entre

---

[1] British writer (1894–1963), author of *Brave New World* and *Music at Night*
[2] occupant of the last professorship of sociology, during that famous year when every human being was awarded an honorary doctorate
[3] snobbish attitudes
[4] Whoever
[5] If I had had the time
[6] were on the verge

las distintas marcas de un producto. A veces, las circunstancias eran cómicas; recuerdo que una joven amiga mía cambió un deodorante por otro sólo porque los anuncios le aseguraban que la nueva mercancía era algo así como el certificado de amor a primera vista.[7] Otras, eran tristes; uno llega a encariñarse con una pipa, los zapatos cómodos, los discos que acaban teñidos de nostalgia, y tener que desecharlos, ofrendarlos al anonimato del ropavejero y la basura, era ocasión de cierta melancolía.

Nunca hubo tiempo de averiguar a qué plan diabólico obedeció, o si todo fue la irrupción acelerada de un fenómeno natural que creíamos domeñado. Tampoco, donde se inició la rebelión, el castigo, el destino—no sabemos cómo designarlo. El hecho es que un día, la cuchara con que yo desayunaba, de legítima plata Christofle,[8] se derritió en mis manos. Ni di mayor importancia al asunto, y suplí el utensilio inservible con otro semejante, del mismo diseño, para no dejar incompleto mi servicio y poder recibir con cierta elegancia a doce personas. La nueva cuchara duró una semana; con ella, se derritió el cuchillo. Los nuevos repuestos no sobrevivieron las setenta y dos horas sin convertirse en gelatina. Y claro, tuve que abrir los cajones y cerciorarme: toda la cuchillería descansaba en el fondo de las gavetas, excreción gris y espesa. Durante algún tiempo, pensé que estas ocurrencias ostentaban un carácter singular. Buen cuidado tomaron los felices propietarios de objetos tan valiosos en no comunicar algo que, después tuvo que saberse, era ya un hecho universal. Cuando comenzaron a derretirse las cucharas, cuchillos, tenedores, amarillentos, de aluminio y hojalata, que usan los hospitales, los pobres, las fondas, los cuarteles, no fue posible ocultar la desgracia que nos afligía. Se levantó un clamor: las industrias respondieron que estaban en posibilidad de cumplir la demanda,[9] mediante un gigantesco esfuerzo, hasta el grado de[10] poder reemplazar los útiles de mesa[11] de cien millares de hogares, cada veinticuatro horas.

El cálculo resultó exacto. Todos los días, mi cucharita de té— a ella me reduje, al artículo más barato, para todos los usos

---

[7] love at first sight
[8] of genuine Christofle (brand) silver
[9] that they would be able to meet the demand
[10] right up to the point of
[11] "table tools"

culinarios—se convertía, después del desayuno, en polvo. Con premura, salíamos todos a formar cola para adquirir una nueva. Que yo sepa,[12] muy pocas gentes compraron al mayoreo;[13] sospechábamos que cien cucharas adquiridas hoy serían pasta mañana, o quizá nuestra esperanza de que sobrevivieran veinticuatro horas era tan grande como infundada. Las gracias sociales sufrieron un deterioro total; nadie podía invitar a sus amistades, y tuvo corta vida el movimiento, malentendido y nostálgico, en pro de un regreso a las costumbres de los vikingos.[14]

Esta situación, hasta cierto punto amable, duró apenas seis meses. Alguna mañana, terminaba mi cotidiano aseo dental. Sentí que el cepillo, todavía en la boca, se convertía en culebrita de plástico; lo escupí en pequeños trozos. Este género de calamidades comenzó a repetirse sin interrupciones. Recuerdo que ese mismo día, cuando entré a la oficina de mi jefe en el Banco, el escritorio se desintegró en terrones de acero, mientras los puros del financiero tosían y se deshebraban,[15] y los cheques mismos daban extrañas muestras de inquietud... Regresando a la casa, mis zapatos se abrieron como flor de cuero,[16] y tuve que continuar descalzo. Llegué casi desnudo: la ropa se había caído a jirones,[17] los colores de la corbata se separaron y emprendieron un vuelo de mariposas.[18] Entonces me di cuenta de otra cosa: los automóviles que transitaban por las calles se detuvieron de manera abrupta, y mientras los conductores descendían, sus sacos, haciéndose polvo en las espaldas,[19] emanando un olor colectivo de tintorería y axilas,[20] los vehículos, envueltos en gases rojos, temblaban. Al reponerme de la impresión,[21] fijé los ojos en aquellas carrocerías. La calle hervía con una confusión de caricaturas: Fords Modelo T, cacharros de 1909, Tin Lizzies, orugas cuadriculadas,[22] vehículos pasados de moda.

La invasión de esa tarde a las tiendas de ropa y muebles, a las agencias de automóviles, resulta indescriptible. Los vendedores de

---

[12] To my knowledge
[13] in quantity
[14] i.e., not using tableware at meals
[15] while the financier's cigars coughed and unraveled
[16] opened up like a leather flower
[17] in shreds

[18] the colors of my necktie went (off) and flew away like butterflies
[19] turning to dust on their backs
[20] underarms
[21] upon recovering from the surprise
[22] square-shaped caterpillars

coches—esto podría haber despertado sospechas—ya tenían preparado el Modelo del Futuro, que en unas cuantas horas fue vendido por millares. (Al día siguiente, todas las agencias anunciaron la aparición del Novísimo Modelo del Futuro, la ciudad se llenó de anuncios *démodé*[23] del Modelo del día anterior—que, ciertamente, ya dejaba escapar un tufillo apolillado—,[24] y una nueva avalancha de compradores cayó sobre las agencias.)

Aquí debo insertar una advertencia. La serie de acontecimientos a que vengo refiriendo, y cuyos efectos finales nunca fueron apreciados debidamente, lejos de provocar asombro o disgusto, fueron aceptados con alborozo, a veces con delirio, por la población de nuestros países. Las fábricas trabajaban a todo vapor[25] y terminó el problema de los desocupados. Magnavoces instalados en todas las esquinas aclaraban el sentido de esta nueva revolución industrial: los beneficios de la libre empresa[26] llegaban hoy, como nunca, a un mercado cada vez más amplio; sometida a este reto del progreso,[27] la iniciativa privada respondía sin paralelo; la diversificación de un mercado caracterizado por la renovación continua de los artículos de consumo[28] aseguraba una vida rica, higiénica y libre. «Carlomagno[29] murió con sus viejos calcetines puestos»—declaraba un cartel—, «usted morirá con unos Elasto-Plastex recién salidos de la fábrica.» La bonanza era increíble; todos trabajaban en las industrias, percibían enormes sueldos, y los gastaban en cambiar diariamente las cosas inservibles por los nuevos productos. Se calcula que, en mi comunidad solamente, llegaron a circular, en valores y en efectivo,[30] más de doscientos mil millones de dólares cada dieciocho horas.

El abandono de las labores agrícolas se vio suplido, y armonizado, por las industrias química, mobiliaria y eléctrica. Ahora comíamos píldoras de vitamina, cápsulas y granulados, con la severa advertencia médica de que era necesario prepararlos en la estufa y comerlos con cubiertos (las píldoras, envueltas por una cera eléctrica, escapan al contacto con los dedos del comensal).[31]

---

[23] French: out-of-style
[24] already was beginning to seem a little moth-eaten
[25] at full speed
[26] free enterprise
[27] submitted to this challenge presented by progress

[28] consumer items
[29] Charlemagne (742–814), King of Franks and Emperor of the West
[30] in securities and in cash
[31] the pills, covered with an electrical(ly charged) gel, escape contact with the diner's fingers

Yo, justo es confesarlo, me adapté a la situación con toda tranquilidad. El primer sentimiento de terror lo experimenté una noche, al entrar en mi biblioteca. Regadas por el piso, como larvas de tinta,[32] yacían las letras de todos los libros. Apresuradamente, revisé varios tomos: sus páginas, en blanco. Una música dolorosa, lenta, despedida, me envolvió; quise distinguir las voces de las letras; al minuto agonizaron. Eran cenizas. Salí a la calle, ansioso de saber qué nuevos sucesos anunciaba éste; por el aire, con el loco empeño de los vampiros, corrían nubes de letras; a veces, en chispazos eléctricos, se reunían...[33] *amor, rosa, palabra,* brillaban un instante en el cielo, para disolverse en llanto.[34] A la luz de uno de estos fulgores, vi otra cosa: nuestros grandes edificios empezaban a resquebrajarse; en uno distinguí la carrera de una vena rajada[35] que se iba abriendo por el cuerpo de cemento. Lo mismo ocurría en las aceras, en los árboles, acaso en el aire. La mañana nos deparó una piel brillante de heridas. Buen sector de obreros tuvo que abandonar las fábricas para atender a la reparación material de la ciudad; de nada sirvió, pues cada remiendo hacía brotar nuevas cuarteaduras.

Aquí concluía el período que pareció regirse por el signo de las venticuatro horas.[36] A partir de este instante, nuestros utensilios comenzaron a descomponerse en menos tiempo; a veces en diez, a veces en tres o cuatro horas. Las calles se llenaron de montañas de zapatos y papeles, de bosques de platos rotos, dentaduras postizas, abrigos desbaratados, de cáscaras de libros, edificios y pieles, de muebles y flores muertas y chicle y aparatos de televisión y baterías. Algunos intentaron dominar a las cosas, maltratarlas, obligarlas a continuar prestando sus servicios; pronto se supo de[37] varias muertes extrañas de hombres y mujeres atravesados por cucharas y escobas,[38] sofocados por sus almohadas, ahorcados[39] por las corbatas. Todo lo que no era arrojado a la basura después de cumplir el término estricto de sus funciones,[40] se vengaba así del

---

[32] Strewn about the floor, like ink larvae (small worms)

[33] with flashes of electricity, they would come together

[34] only then to dissolve in tears (droplets)

[35] I distinguished the line of a crack

[36] the period governed by twenty-four-hour intervals of time

[37] there were known to be

[38] brooms

[39] hanged

[40] after the end of the period of time it was supposed to work

consumidor reticente.

La acumulación de basura en las calles las hacía intransitables. Con la huida del alfabeto, ya no se podían escribir directrices; los magnavoces dejaban de funcionar cada cinco minutos, y todo el día se iba en suplirlos con otros. ¿Necesito señalar que los recolectores de basura se convirtieron en una capa social privilegiada, y que la Hermandad Secreta de Verrere[41] era, *de facto*,[42] el poder activo detrás de nuestras instituciones republicanas? De viva voz[43] se corrió la consigna: los intereses sociales exigen que para salvar la situación se utilicen y consuman las cosas con una rapidez cada día mayor. Los obreros ya no salían de las fábricas; en ellas se concentró la vida de la ciudad, abandonándose a su suerte edificios, plazas, las habitaciones mismas. En las fábricas, tengo entendido que un trabajador armaba una bicicleta, corría por el patio montado en ella, la bicicleta se reblandecía y era tirada al carro de la basura que, cada día más alto, corría como arteria paralítica por la ciudad; inmediatamente, el mismo obrero regresaba a armar otra bicicleta, y el proceso se repetía sin solución.[44] Lo mismo pasaba con los demás productos: una camisa era usada inmediatamente por el obrero que la fabricaba, y arrojada al minuto; las bebidas alcohólicas tenían que ser ingeridas por quienes las embotellaban, y las medicinas de alivio respectivas[45] por sus fabricantes, que nunca tenían oportunidad de emborracharse. Así sucedía en todas las actividades.

Mi trabajo en el Banco ya no tenía sentido. El dinero había dejado de circular desde que productores y consumidores, encerrados en las factorías, hacían de los dos actos uno.[46] Se me asignó una fábrica de armamentos como nuevo sitio de labores. Yo sabía que las armas eran llevadas a parajes desiertos, y usadas allí; un puente aéreo[47] se encargaba de transportar las bombas con rapidez, antes de que estallaran, y depositarlas, huevecillos negros, entre las arenas de estos lugares misteriosos.

---

[41] Latin: verb whose several meanings cover most rubbish-collecting activities

[42] Latin: in fact, in reality

[43] By word of mouth

[44] endlessly

[45] along with the respective medicine to relieve the effects

[46] i.e., they became producers and consumers at once

[47] airlift

Ahora que ha pasado un año desde que mi primera cuchara se derritió, subo a las ramas de un árbol y trato de distinguir, entre el humo y las sirenas, algo de las costras del mundo. El ruido, que se ha hecho substancia,[48] gime sobre los valles de desperdicio; temo— por lo que mis últimas experiencias con los pocos objetos servibles que encuentro delatan—que el espacio de utilidad de las cosas se ha reducido a fracciones de segundo. Los aviones estallan en el aire, cargados de bombas; pero un mensajero permanente vuela en helicóptero sobre la ciudad, comunicando la vieja consigna: «Usen, usen, consuman, consuman, ¡todo, todo!» ¿Qué queda por usarse? Pocas cosas, sin duda.

Aquí, desde hace un mes, vivo escondido, entre las ruinas de mi antigua casa. Huí del arsenal cuando me di cuenta que todos, obreros y patrones, han perdido la memoria, y también la facultad previsora...[49] Viven al día, emparedados por los segundos. Y yo, de pronto, sentí la urgencia de regresar a esta casa, tratar de recordar algo—apenas estas notas que apunto con urgencia, que tan poco dicen de un año relleno de datos—y formular algún proyecto.

¡Qué gusto! En mi sótano encontré un libro con letras impresas; es *Treasure Island*,[50] y gracias a él, he recuperado el recuerdo de mí mismo, el ritmo de muchas cosas... Termino el libro («Pieces of eight! Pieces of eight!») y miro en redor mío.[51] La espina dorsal de los objetos despreciados, su velo de peste.[52] Los novios, los niños, los que sabían cantar, ¿dónde están, por qué los olvidé, los olvidamos, durante todo este tiempo? ¿Qué fue[53] de ellos mientras sólo pensábamos (y yo sólo he escrito) en el deterioro y creaciones de nuestros útiles? Extendí la vista sobre los montones de inmundicia. La opacidad chiclosa se entrevera en mil rasguños: las llantas y los trapos, la obesidad maloliente, la carne inflamada de detritus, se extienden enterrados por los cauces de asfalto; y pude ver algunas cicatrices, que eran cuerpos abrazados, manos de cuerda, bocas abiertas, y supe de ellos.[54]

No puedo dar idea de los monumentos alegóricos que sobre los

---

[48] that has become material

[49] and also their foresightedness

[50] Novel by Robert Louis Stevenson (1850–1894)

[51] around myself

[52] their aura of plague

[53] What became of

[54] and I knew (understood) what had become of them

desperdicios se han construido, en honor de los economistas del pasado. El dedicado a las Armonías de Bastiat[55] es especialmente grotesco. Entre las páginas de Stevenson, un paquete de semillas de hortaliza. Las he estado metiendo en la tierra, ¡con qué gran cariño...! Ahí pasa otra vez el mensajero.

«Usen todo... todo... todo...»

Ahora, ahora un hongo azul con penachos de sombra me ahoga en el rumor de los cristales rotos...

Estoy sentado en una playa que antes—si recuerdo algo de geografía—no bañaba mar alguno. No hay más muebles en el universo que dos estrellas, las olas y arena. He tomado unas ramas secas; las froto, durante mucho tiempo..., ah, la primera chispa...

LA VIVENCIA

1. ¿Cuáles son los defectos de las doctrinas y tendencias capitalistas desde el punto de vista de un escritor de un país no muy desarrollado, como el México de los años 50? ¿Cuáles son los aspectos del sistema capitalista que parecen más inhumanos? ¿Ha cambiado el mundo desde cuando Fuentes escribió el cuento?

2. ¿En qué momentos del relato se nota que el narrador no es exactamente «un ciudadano más», que entiende los problemas y reacciona como observador analítico? ¿Es posible imaginarnos la vida de un ciudadano típico en las circunstancias descritas? ¿Podría tal ciudadano presenciar semejante catástrofe con la misma actitud que se ve en el narrador?

3. ¿Para qué existe el hombre en la sociedad que describe Fuentes?

---

[55] Frédéric Bastiat (1801–1850), French economist, defender of free trade and author of *Les Harmonies économiques*

PERSPECTIVAS LITERARIAS

1. Para ser cómico, muchas veces es necesario que un personaje literario se parezca a una máquina automática. Cuando el personaje lo hace todo automáticamente es inevitable que tropiece con obstáculos, y esto nos hace reír. Esto puede tener un efecto saludable, si nos ayuda a recuperar nuestro equilibrio. ¿Es posible conseguir los mismos efectos si se representa a toda una sociedad funcionando automáticamente? ¿Cuáles son las ventajas y desventajas de esto?

2. Al final del cuento nos damos cuenta de que Fuentes no sólo ataca los males del presente, sino que sueña con recuperar un paraíso perdido. Puede decirse que su cuento tiene mucho en común con las obras de otros que quieren y han querido reformar el mundo (por ejemplo, santos y revolucionarios). ¿Es «el progreso» siempre un pecado en tales obras? ¿Son los alienados personas de alma «poética» que sueñan con recuperar un paraíso perdido?

GABRIEL GARCÍA MÁRQUEZ*

(1928–   )

«La mujer que llegaba a las seis» consiste en un diálogo de treinta minutos de duración durante el cual, como en una tragedia clásica, se va revelando toda una historia de amor y de homicidio. Esta historia que comenzó hace mucho tiempo y que poco a poco venía preparándose ahora llega a su culminación. La escena realista del restaurante, la acción de los personajes y lo que se nos narra del pasado parecen referirse a la vida que lleva alguna gente de las ciudades contemporáneas. En cambio, la insistencia en aludir constantemente a «el hombre» y a «la mujer» sugiere otra intención: tal vez la de traer a las mientes ideas tradicionales acerca de la naturaleza pecadora de la mujer (herencia de la Eva bíblica) y el papel del amor en la redención del espíritu.

Los personajes, el hombre y la mujer, viven al margen de la sociedad. Los dos son seres solitarios por razones distintas, posiblemente por sus excesos. Ella, por ser «demasiado pecadora»; él, por «demasiado inocente». A pesar de los muchos intentos de José de sacar a la mujer de la mala vida, ella ha vivido por mucho tiempo dedicada a la prostitución. Hoy todo ha cambiado para ella y no cree poder seguir con la vida que ha llevado hasta ahora. Es más, no podrá salvarse sin que diga una mentira el hombre que tiene fama de no haber mentido jamás. José, dueño del restaurante, es un gigante gordo y santurrón, tímido con las mujeres, pero dispuesto a hacer todo a fin de ayudar a la mujer a quien

---

* For a brief introduction a García Márquez, see the discussion preceding
"Rosas artificiales."

99

quiere a su manera. De la virtud de José depende la salvación de la mujer. Puede salvarla de la vida de pecado y de las manos de la policía sólo si prueba que es real su amor por ella «perdiendo su inocencia», es decir, mintiendo a la policía.

CUESTIONARIO

1. ¿Qué pasa todas las tardes a las seis en el restaurante de José?

2. Describa las actividades de José.

3. ¿En qué aspectos de la conducta de la mujer se nota que le pasa algo extraordinario?

4. Según la mujer, ¿en qué consiste la diferencia entre hoy y otros días?

5. ¿Qué siente José por la mujer?

6. ¿En qué manera expresa la mujer amor por José?

7. ¿Qué cree la mujer cuando José indica que mataría a los clientes de ella?

8. ¿Por qué razón mataría José a los clientes?

9. Según la mujer, ¿por qué es poco probable que José mate a otro hombre?

10. ¿Por qué va poniéndose José cada vez más nervioso?

11. ¿Por qué le importa a la mujer que José repita que mataría a un hombre?

12. Para José, ¿sería igual matar un hombre que se hubiera acostado con la mujer que defender a la mujer, si ella hubiera matado un hombre?

13. ¿Qué entiende José cuando la mujer le pregunta si él diría una mentira por ella?

14. ¿Por qué importa el hecho que la policía crea que José no miente?

15. ¿Qué cree José cuando la mujer le dice que no podrá acostarse con nadie y que se irá al día siguiente?

16. ¿Cuándo y por qué se dio cuenta la mujer de que debía cambiar de vida y marcharse?

17. Haga un resumen del crimen de la mujer.

18. ¿En qué momento es evidente que la mujer llegó al restaurante con un plan?

19. ¿En qué manera cambió José su conducta cuando se dio cuenta de lo seria que se estaba poniendo la situación?

20. ¿Qué busca la mujer al mirar a José? ¿De qué cosas prefiere hablar José?

21. ¿Qué regalo promete la mujer a José?

22. Cuando José indica que mentirá, ¿en qué sentido comienza a repetirse la escena de todos los días en el restaurante?

23. Interprete la mirada que pone la mujer mientras José cocina.

24. ¿Qué regalo de despedida pide la mujer al fin? ¿Por qué?

LA MUJER QUE LLEGABA A LAS SEIS

La puerta oscilante se abrió. A esa hora no había nadie en el restaurante de José. Acababan de dar las seis y el hombre sabía que sólo a las seis y media empezarían a llegar los parroquianos habituales. Tan conservadora y regular era su clientela, que no había acabado el reloj de dar la sexta campanada cuando una mujer entró, como todos los días a esa hora, y se sentó sin decir nada en la alta silla giratoria. Traía un cigarrillo sin encender, apretado entre los labios.

—Hola, reina—dijo José cuando la vio sentarse. Luego caminó hacia el otro extremo del mostrador, limpiando con un trapo seco la superficie vidriada. Siempre que entraba alguien al restaurante José hacía lo mismo. Hasta con la mujer con quien había llegado a adquirir un grado de casi intimidad, el gordo y rubicundo mesonero representaba su diaria comedia de hombre diligente.[1] Habló desde el otro extremo del mostrador.

—¿Qué quieres hoy?—dijo.

—Primero que todo[2] quiero enseñarte a ser caballero—dijo la mujer. Estaba sentada al final de la hilera de sillas giratorias, de codos en el mostrador, con el cigarrillo apagado en los labios. Cuando habló, apretó la boca para que José advirtiera el cigarrillo sin encender.

—No me había dado cuenta—dijo José.

—Todavía no te has dado cuenta de nada—dijo la mujer.

El hombre dejó el trapo en el mostrador, caminó hacia los armarios oscuros y olorosos a alquitrán[3] y a madera polvorienta, y

---

[1] played out his daily pretense of the hardworking man

[2] First of all

[3] smelling of pitch

regresó luego con los fósforos. La mujer se inclinó para alcanzar la lumbre que ardía entre las manos rústicas y velludas del hombre. José vio el abundante cabello de la mujer, empavonado de vaselina gruesa y barata. Vio su hombro descubierto, por encima del corpiño floreado. Vio el nacimiento del seno crepuscular, cuando la mujer levantó la cabeza, ya con la brasa entre los labios.

—Estás hermosa hoy, reina—dijo José.

—Déjate de tonterías—dijo la mujer. —No creas que eso me va a servir para pagarte.

—No quise decir eso, reina—dijo José. —Apuesto a que hoy te hizo daño el almuerzo.[4]

La mujer tragó la primera bocanada de humo denso,[5] se cruzó de brazos, todavía con los codos apoyados en el mostrador, y se quedó mirando hacia la calle, al través del amplio cristal del restaurante. Tenía una expresión melancólica. De una melancolía hastiada y vulgar.

—Te voy a preparar un bistec—dijo José.

—Todavía no tengo plata—dijo la mujer.

—Hace tres meses que no tienes plata y siempre te preparo algo bueno—dijo José.

—Hoy es distinto—dijo la mujer, sombríamente, todavía mirando hacia la calle.

—Todos los días son iguales—dijo José. —Todos los días el reloj marca las seis, entras y dices que tienes un hambre de perro[6] y entonces yo te preparo algo bueno. La única diferencia es ésa, que hoy no dices que tienes un hambre de perro, sino que el día es distinto.

—Y es verdad—dijo la mujer. Se volvió a mirar al hombre que estaba del otro lado del mostrador, registrando la nevera. Estuvo contemplándolo durante dos, tres segundos. Luego miró el reloj, arriba del armario. Eran las seis y tres minutos. —Es verdad, José. Hoy es distinto—dijo. Expulsó el humo y siguió hablando con palabras cortas, apasionadas. —Hoy no vine a las seis, por eso es distinto, José.

El hombre miró el reloj.

---

[4] I bet your lunch didn't agree with you (you got up on the wrong side of the bed).

[5] inhaled the first puff of heavy smoke
[6] and you say you're as hungry as a dog

—Me corto el brazo si ese reloj se atrasa un minuto—dijo.

—No es eso, José. Es que hoy no vine a las seis—dijo la mujer.

—Vine a las seis menos cuarto.

—Acaban de dar las seis, reina—dijo José. —Cuando tú entraste acababan de darlas.

—Tengo un cuarto de hora de estar aquí[7]—dijo la mujer.

José se dirigió hacia donde ella estaba. Acercó a la mujer su enorme cara congestionada, mientras tiraba con el índice de uno de sus párpados.

—Sóplame aquí[8]—dijo.

—La mujer echó la cabeza hacia atrás. Estaba seria, fastidiada, blanda; embellecida por una nube de tristeza y cansancio.

—Déjate de tonterías, José. Tú sabes que hace más de seis meses que no bebo.

—Eso se lo vas a decir a otro—dijo, —a mí no. Te apuesto a que por lo menos se han tomado un litro entre dos.

—Me tomé dos tragos con un amigo—dijo la mujer.

—Ah; entonces ahora me explico—dijo José.

—Nada tienes que explicarte—dijo la mujer. —Tengo un cuarto de hora de estar aquí.

El hombre se encogió de hombros.

—Bueno, si así lo quieres, tienes un cuarto de hora de estar aquí—dijo. —Después de todo, a nadie le importa nada diez minutos más o diez minutos menos.

—Sí importan, José—dijo la mujer. Y estiró los brazos por encima del mostrador, sobre la superficie vidriada, con un aire de negligente abandono. Dijo:

—Y no es que yo lo quiera: es que[9] hace un cuarto de hora que estoy aquí.

Volvió a mirar el reloj y rectificó:

—Que digo, ya tengo veinte minutos.

—Está bien, reina—dijo el hombre. —Un día entero con su noche te regalaría yo para verte contenta.

Durante todo este tiempo José había estado moviéndose detrás del mostrador, removiendo objetos, quitando una cosa de un lugar para ponerla en otro. Estaba en su papel.

---

[7] I have been here for a quarter of an hour

[8] Blow in this direction

[9] And it's not because I want it to be that way; the fact is

—Quiero verte contenta—repitió. Se detuvo bruscamente, volviéndose hacia donde estaba la mujer:

—¿Tú sabes que te quiero mucho?

La mujer lo miró con frialdad.

—¿Síííí...? Qué descubrimiento, José. ¿Crees que me quedaría contigo por un millón de pesos?

—No he querido decir eso, reina—dijo José. —Vuelvo a apostar a que te hizo daño el almuerzo.

—No te lo digo por eso—dijo la mujer. Y su voz se volvió menos indolente. —Es que ninguna mujer soportaría una carga como la tuya ni por un millón de pesos.

José se ruborizó. Le dio la espalda a la mujer y se puso a sacudir el polvo en las botellas del armario. Habló sin volver la cara.

—Estás insoportable hoy, reina. Creo que lo mejor es que te comas el bistec y te vayas a acostar.

—No tengo hambre—dijo la mujer. Se quedó mirando otra vez la calle, viendo los transeúntes turbios de la ciudad atardecida.[10] Durante un instante hubo un silencio turbio en el restaurante. Una quietud interrumpida apenas por el trasteo de José en el armario. De pronto la mujer dejó de mirar hacia la calle y habló con la voz apagada, tierna, diferente.

—¿Es verdad que me quieres, Pepillo?

—Es verdad—dijo José, en seco, sin mirarla.

—¿A pesar de lo que te dije?—dijo la mujer.

—¿Qué me dijiste?—dijo José, todavía sin inflexiones en la voz, todavía sin mirarla.

—Entonces, ¿me quieres?—dijo la mujer.

—Sí—dijo José.

Hubo una pausa. José siguió moviéndose con la cara vuelta hacia los armarios, todavía sin mirar a la mujer. Ella expulsó una nueva bocanada de humo, apoyó el busto contra el mostrador, y luego, con cautela y picardía, mordiéndose la lengua antes de decirlo, como si habalara en puntillas:[11]

—¿Aunque no me acueste contigo?—dijo.

Y sólo entonces José volvió a mirarla.

—Te quiero tanto que no me acostaría contigo—dijo. Luego

---

[10] the late-afternoon city   [11] as if she were talking "on tiptoe"

caminó hacia donde ella estaba. Se quedó mirándola de frente, los poderosos brazos apoyados en el mostrador, delante de ella; mirándola a los ojos, dijo:

—Te quiero tanto que todas las tardes mataría al hombre que se va contigo.

En el primer instante la mujer pareció perpleja. Después miró al hombre con atención, con una ondulante expresión de compasión y burla. Después guardó un breve silencio, desconcertada. Y después rió estrepitosamente.

—Estás celoso, José. Qué rico,[12] ¡estás celoso!

José volvió a sonrojarse con una timidez franca, casi desvergonzada, como le habría ocurrido a un niño a quien le hubieran revelado de golpe todos los secretos. Dijo:

—Esta tarde no entiendes nada, reina—. Y se limpió el sudor con el trapo. Dijo:

—La mala vida te está embruteciendo.

Pero ahora la mujer había cambiado de expresión.

—Entonces no—dijo. Y volvió a mirarlo a los ojos, con un extraño resplandor en la mirada, a un tiempo acongojada y desafiante:

—Entonces, no estás celoso.

—En cierto modo, sí—dijo José. —Pero no es como tú dices.

Se aflojó el cuello y siguió limpiándose, secándose la garganta con el trapo.

—¿Entonces?—dijo la mujer.

—Lo que pasa es que te quiero tanto que no me gusta que hagas eso—dijo José.

—¿Qué?—dijo la mujer.

—Eso de irte con un hombre distinto todos los días—dijo José.

—¿Es verdad que lo matarías para que no se fuera conmigo?—dijo la mujer.

—Para que no se fuera no—dijo José;—lo mataría porque *se fue* contigo.

—Es lo mismo—dijo la mujer.

La conversación había llegado a densidad excitante. La mujer hablaba en voz baja, suave, fascinada. Tenía la cara pegada al rostro saludable y pacífico del hombre,[13] que permanecía inmóvil,

---

[12] How wonderful!

[13] She held her face close to the man's healthy and peaceful face

como hechizado por el vapor de las palabras.

—Todo eso es verdad—dijo José.

—Entonces—dijo la mujer, y extendió la mano para acariciar el áspero brazo del hombre. Con la otra arrojó la colilla—...entonces, ¿tú eres capaz de matar a un hombre?

—Por lo que te dije, sí—dijo José. Y su voz tomó una acentuación casi dramática.

La mujer se echó a reír convulsivamente, con una abierta intención de burla.

—Qué horror, José. Qué horror—dijo, todavía riendo. —José matando a un hombre. Quién hubiera dicho que detrás del señor gordo y santurrón, que nunca me cobra, que todos los días me prepara un bistec y que se distrae hablando conmigo hasta cuando encuentro un hombre, hay un asesino. ¡Qué horror, José! ¡Me das miedo!

José estaba confundido. Tal vez sintió un poco de indignación. Tal vez, cuando la mujer se echó a reír se sintió defraudado.

—Estás borracha, tonta—dijo. —Vete a dormir. Ni siquiera tendrás ganas de comer nada.

Pero la mujer, ahora había dejado de reír y estaba otra vez seria, pensativa, apoyada en el mostrador. Vio alejarse al hombre. Lo vio abrir la nevera y cerrarla otra vez, sin extraer nada de ella. Lo vio moverse hacia el extremo opuesto del mostrador. Lo vio frotar el vidrio reluciente, como al principio. Entonces la mujer habló de nuevo, con el tono enternecedor y suave de cuando dijo: «¿Es verdad que me quieres, Pepillo?»[14]

—José—dijo.

El hombre no la miró.

—¡José!

—Vete a dormir—dijo José—...Y métete un baño[15] antes de acostarte para que se te serene la borrachera.

—En serio, José—dijo la mujer. —No estoy borracha.

—Entonces te has vuelto bruta—dijo José.

—Ven acá, tengo que hablar contigo—dijo la mujer.

El hombre se acercó tambaleando entre la complacencia y la desconfianza.

—¡Acércate!

---

[14] **Pepe** = Joe; **Pepillo** = Joey   [15] And take a bath

El hombre volvió a pararse frente a la mujer. Ella se inclinó hacia adelante, lo asió fuertemente por el cabello; pero con un gesto de evidente ternura.

—Repíteme lo que dijiste al principio—dijo.

—¿Qué?—dijo José. Trataba de mirarla con la cabeza agachada, asido por el cabello.

—Que matarías a un hombre que se acostara conmigo—dijo la mujer.

—Mataría a un hombre que se hubiera acostado contigo, reina. Es verdad—dijo José.

La mujer lo soltó.

—¿Entonces me defenderías si yo lo matara?—dijo afirmativamente, empujando con un movimiento de brutal coquetería la enorme cabeza de cerdo de José. El hombre no respondió nada; sonrió.

—Contéstame, José—dijo la mujer. —¿Me defenderías si yo lo matara?

—Eso depende—dijo José. —Tú sabes que eso no es tan fácil como decirlo.[16]

—A nadie le cree más la policía que a ti[17]—dijo la mujer.

José sonrió, digno, satisfecho. La mujer se inclinó de nuevo hacia él, por encima del mostrador.

—Es verdad, José. Me atrevería a apostar que nunca has dicho una mentira—dijo.

—No se saca nada con eso[18]—dijo José.

—Por lo mismo[19]—dijo la mujer. —La policía lo sabe y te cree cualquier cosa sin preguntártelo dos veces.

José se puso a dar golpecitos en el mostrador, frente a ella, sin saber qué decir. La mujer miró nuevamente hacia la calle. Miró luego el reloj y modificó el tono de la voz, como si tuviera interés en concluir el diálogo antes que llegaran los primeros parroquianos.

—¿Por mí dirías una mentira, José?—dijo. —En serio.

Y entonces José volvió a mirarla, bruscamente, a fondo, como si una idea tremenda se le hubiera agolpado dentro de la cabeza.[20]

---

[16] You know that that's (doing so) not as easy as saying so.
[17] The police don't believe anybody more than you
[18] That doesn't resolve anything
[19] Just the same.
[20] as if a terrible thought had suddenly crossed his mind

Una idea que entró por un oído, giró por un momento, vaga, confusa, y salió luego por el otro, dejando apenas un cálido vestigio de pavor.

—¿En qué lío te has metido,[21] reina?—dijo José. Se inclinó hacia adelante, los brazos otra vez cruzados sobre el mostrador. La mujer sintió el vaho fuerte y un poco amoniacal de su respiración, que se hacía difícil por la presión que ejercía el mostrador contra el estómago del hombre.

—Esto sí que es serio, reina. ¿En qué lío te has metido?—dijo. La mujer hizo girar la cabeza hacia el otro lado.

—En nada—dijo. —Sólo estaba hablando por entretenerme.

Luego volvió a mirarlo.

—¿Sabes que quizá no tengas que matar a nadie?

—Nunca he pensado matar a nadie—dijo José, desconcertado.

—No, hombre—dijo la mujer. —Digo que a nadie que se acueste conmigo.

—¡Ah!—dijo José. —Ahora sí que estás hablando claro. Siempre he creído que no tienes necesidad de andar en esa vida.[22] Te apuesto a que si dejas de eso te doy el bistec más grande todos los días, sin cobrarte nada.

—Gracias, José—dijo la mujer. —Pero no es por eso. Es que ya no podré acostarme con nadie.

—Ya vuelves a enredar las cosas—dijo José. Empezaba a parecer impaciente.

—No enredo nada—dijo la mujer. Se estiró en el asiento y José vio sus senos aplanados y tristes debajo del corpiño.

—Mañana me voy y te prometo que no volveré a molestarte nunca. Te prometo que no volveré a acostarme con nadie.

—¿Y de dónde te salió esa fiebre?[23]—dijo José.

—Lo resolví hace un rato—dijo la mujer. —Sólo hace un momento me di cuenta de que eso es una porquería.

José agarró otra vez el trapo y se puso a frotar el vidrio cerca de ella. Habló sin mirarla. Dijo:

—Claro que como tú lo haces es una porquería. Hace tiempo que debiste darte cuenta.

—Hace tiempo que me estaba dando cuenta—dijo la mujer,

---

[21] What kind of a jam have you gotten into?

[22] that you didn't need to lead that (kind of) life

[23] From where did you get that notion?

—pero sólo hace un rato acabé de convencerme. Les tengo asco a los hombres.

José sonrió. Levantó la cabeza para mirar, todavía sonriendo, pero la vio concentrada, perpleja, hablando, y con los hombros levantados; balanceándose en la silla giratoria, con una expresión taciturna, el rostro dorado por una prematura harina otoñal.[24]

—¿No te parece que deben de dejar tranquila[25] a una mujer que mate a un hombre porque después de haber estado con él siente asco de ése y de todos los que han estado con ella?

—No hay para qué ir tan lejos—dijo José, conmovido, con un hilo de lástima en la voz.

—¿Y si la mujer le dice al hombre que le tiene asco cuando lo ve vistiéndose, porque se acuerda de que ha estado revolcándose con él toda la tarde y siente que ni el jabón ni el estropajo podrán quitarle su olor?

—Eso pasa, reina—dijo José, ahora un poco indiferente, frotando el mostrador. —No hay necesidad de matarlo. Simplemente dejarlo que se vaya.[26]

Pero la mujer seguía hablando, y su voz era una corriente uniforme, suelta, apasionada.

—¿Y si cuando la mujer le dice que le tiene asco, el hombre deja de vestirse y corre otra vez para donde ella,[27] a besarla otra vez, a...?

—Eso no lo hace ningún hombre decente—dijo José.

—¿Pero, y si lo hace?—dijo la mujer, con exasperante ansiedad. —¿Si el hombre no es decente y lo hace y entonces la mujer siente que le tiene tanto asco que se puede morir, y sabe que la única manera de acabar con todo eso es dándole una cuchillada por debajo?

—Esto es una barbaridad—dijo José. —Por fortuna no hay hombre que haga lo que tú dices.

—Bueno—dijo la mujer, ahora completamente exasperada. —¿Y si lo hace? Supónte que lo hace.

—De todos modos no es para tanto[28] —dijo José. Seguía limpiando el mostrador, sin cambiar de lugar, ahora menos atento a la conversación.

---

[24] her face graced with the fat of her premature autumn
[25] they should leave in peace
[26] Just let him go away.
[27] toward where she is
[28] it's not so serious

La mujer golpeó el vidrio con los nudillos. Se volvió afirmativa, enfática.

—Eres un salvaje, José—dijo. —No entiendes nada. Lo agarró con fuerza por la manga. Anda, di que sí debía matarlo la mujer.

—Está bien—dijo José, con un sesgo conciliatorio. —Todo será como tu dices.

—¿Eso no es defensa propia?[29] —dijo la mujer, sacudiéndole por la manga.

José le echó entonces una mirada tibia y complaciente.[30]

—Casi, casi—dijo. Y le guiñó un ojo, en un gesto que era al mismo tiempo una comprensión cordial y un pavoroso compromiso de complicidad. Pero la mujer siguió seria; lo soltó.

—¿Echarías una mentira para defender a una mujer que haga eso?—dijo.

—Depende—dijo José.

—¿Depende de qué?—dijo la mujer.

—Depende de la mujer—dijo José.

—Supónte que es una mujer que quieres mucho—dijo la mujer. —No para estar con ella, ¿sabes?, sino como tú dices que la quieres mucho.

—Bueno, como tú quieras, reina—dijo José, laxo, fastidiado.

Otra vez se alejó. Había mirado el reloj. Había visto que iban a ser las seis y media. Había pensado que dentro de unos minutos el restaurante empezaría a llenarse de gente y tal vez por eso se puso a frotar el vidrio con mayor fuerza, mirando hacia la calle al través del cristal de la ventana. La mujer permanecía en la silla, silenciosa, concentrada, mirando con un aire de declinante tristeza los movimientos del hombre. Viéndolo, como podría ver a un hombre una lámpara que ha empezado a apagarse. De pronto, sin reaccionar, habló de nuevo, con la voz untuosa de mansedumbre.

—¡José!

El hombre la miró con una ternura densa y triste, como un buey maternal. No la miró para escucharla; apenas para verla, para saber que estaba ahí, esperando una mirada que no tenía por qué ser de protección o de solidaridad. Apenas una mirada de juguete.[31]

---

[29] self-defense
[30] then gave her a warm and indulgent glance
[31] hoping for a glance that for no (good) reason had to offer her protection and solidarity. Hardly a jesting look.

—Te dije que mañana me voy y no me has dicho nada—dijo la mujer.

—Sí—dijo José. —Lo que no me has dicho es para dónde.

—Por ahí—dijo la mujer. —Para donde no haya hombres que quieran acostarse con una.

José volvió a sonreír.

—¿En serio te vas?—preguntó, como dándose cuenta de la vida, modificando repentinamente la expresión del rostro.

—Eso depende de ti—dijo la mujer. —Si sabes decir a qué hora vine, mañana me iré y nunca más me pondré en estas cosas.[32] ¿Te gusta eso?

José hizo un gesto afirmativo con la cabeza, sonriente y concreto. La mujer se inclinó hacia donde él estaba.

—Si algún día vuelvo por aquí, me pondré celosa cuando encuentre otra mujer hablando contigo, a esta hora y en esta misma silla.

—Si vuelves por aquí debes traerme algo—dijo José.

—Te prometo buscar por todas partes el osito de cuerda,[33] para traértelo—dijo la mujer.

José sonrió y pasó el trapo por el aire que se interponía entre él y la mujer, como si estuviera limpiando un cristal invisible. La mujer también sonrió, ahora con un gesto de cordialidad y coquetería. Luego, el hombre se alejó, frotando el vidrio hasta el otro extremo del mostrador.

—¿Qué?—dijo José, sin mirarla.

—¿Verdad que a cualquiera que te pregunte a qué hora vine le dirás que vine a las seis menos cuarto?—dijo la mujer.

—¿Para qué?—dijo José, todavía sin mirarla y ahora como si apenas la hubiera oído.

—Eso no importa—dijo la mujer. —La cosa es que lo hagas.

José vio entonces al primer parroquiano que penetró por la puerta oscilante y caminó hasta una mesa del rincón. Miró el reloj. Eran las seis y media en punto.

—Está bien, reina—dijo distraídamente. —Como tú quieras. Siempre hago las cosas como tú quieres.

---

[32] I'll never again get myself into these things

[33] wind-up bear: Her choice of gift summarizes her perception of Pepillo as a timid, rather ridiculous, but finally lovable man.

—Bueno—dijo la mujer. —Entonces, prepárame el bistec.
El hombre se dirigió a la nevera, sacó un plato con carne y lo
dejó en la mesa. Luego encendió la estufa.
—Te voy a preparar un buen bistec de despedida, reina—dijo.
—Gracias, Pepillo—dijo la mujer.
Se quedó pensativa como si de repente se hubiera sumergido
en un submundo extraño, poblado de formas turbias, descono-
cidas. No se oyó, del otro lado del mostrador, el ruido que hizo la
carne fresca al caer en la manteca hirviente. No oyó, después, la
crepitación seca y burbujeante cuando José dio vuelta al lomillo en
el caldero y el olor suculento de la carne sazonada fue saturando, a
espacios medidos,[34] el aire del restaurante. Se quedó así, concentrada, reconcentrada, hasta cuando volvió a levantar la cabeza,
pestañeando, como si regresara de una muerte momentánea.
Entonces vio al hombre que estaba junto a la estufa, iluminado por
el alegre fuego ascendente.
—Pepillo.
—¡Ah!
—¿En qué piensas?—dijo la mujer.
—Estaba pensando si podrás encontrar en alguna parte el osito
de cuerda—dijo José.
—Claro que sí—dijo la mujer. —Pero lo que quiero que me
digas es si me darás todo lo que te pidiera de despedida.[35]
José la miró desde la estufa.
—¿Hasta cuándo te lo voy a decir?—dijo. —¿Quieres algo más
que el mejor bistec?
—Sí—dijo la mujer.
—¿Qué?—dijo José.
—Quiero otro cuarto de hora.
José echó el cuerpo hacia atrás para mirar el reloj. Miró luego al
parroquiano que seguía silencioso, aguardando en el rincón, y
finalmente a la carne, dorada en el caldero. Sólo entonces habló.
—En serio que no te entiendo, reina—dijo.
—No seas tonto, José—dijo la mujer. —Acuérdate que estoy
aquí desde las cinco y media.

---

[34] at intervals   [35] as a farewell present

LA VIVENCIA

1. Explique en qué sentido son Pepe y la mujer personas solitarias unidas por la casualidad y la necesidad. Dentro de las circunstancias, ¿puede decirse que la conducta de la mujer es oportunista?

2. ¿A qué se debe el asco que siente la mujer para el hombre con quien pasó la tarde? ¿Puede ser normal en la experiencia de algunas personas sentir repentinamente un asco semejante y también un deseo de cambiar o «comenzar de nuevo»? ¿Es éste un problema psicológico, religioso o moral?

PERSPECTIVAS LITERARIAS

1. ¿Qué ventajas—o desventajas—tiene el predominio del diálogo en este cuento? ¿Influye más en el lector lo que dicen los personajes o lo que el narrador cuenta acerca de ellos? ¿Interesa saber lo que están *pensando* los personajes?

2. ¿Ha captado García Márquez la esencia de una escena y situación en algún sentido «típicamente hispánicas», o universales? ¿Conoce usted otras representaciones parecidas de la vida en la ciudad? ¿Cuáles?

3. ¿Qué elementos «poéticos» hay en el cuento? ¿Es el ambiente poético en algún sentido? ¿Es quijotesco Pepillo? En un ambiente tan «ordinario», con personajes tan «ordinarios», ¿están fuera de su lugar los sentimientos de los personajes?

4. Escriba una continuación de este cuento: la llegada de la policía, la mentira de José, la huida de la mujer, etcétera.

MIGUEL DELIBES

(1920–   )

Delibes nació en Valladolid, España, cursó estudios de leyes y de comercio y ocupó una cátedra en el Instituto de Comercio. Su primera novela, *La sombra del ciprés es alargada,* ganó el Premio Nadal del año 1947. Sin embargo, su novela *El camino* (1950) y otras posteriores han recibido mayor aprobación de críticos y de lectores. En *El camino* Delibes se demostró maestro en la presentación de un mundo reducido dentro del cual se exploran los sentimientos de soledad y de fraternidad de un grupo de chicos. Su fina y penetrante interpretación psicológica le ayuda a desarrollar la presentación de sus personajes en forma multidimensional. Se expresa en una prosa sencilla a la vez que clara para presentar los detalles de la vida cotidiana. Delibes domina el arte de servirse del lenguaje hablado con fines literarios, aspecto muy destacado de «En una noche así». Además, el humor le permite mantener el equilibrio y evitar un tono pesado y sombrío al abordar los temas más serios. Cuando presenta las experiencias de los tres hombres solitarios y vencidos por la vida de este cuento, su sensibilidad nos comunica otra dimensión de la existencia.

«En una noche así» nos coloca dentro del mundo reducido de tres hombres que por primera vez se conocen durante una fría Nochebuena. Cada uno en cierto sentido se cree «víctima»: el tabernero, de la casualidad; el narrador, de su pobreza; y Nicolás, tipo elemental, de su perra suerte. Poco a poco cada uno cuenta su «historia» y comienza a surgir en la soledad un sentimiento de fraternidad, aun de amor de los unos para los otros. El espíritu del amor de la Nochebuena y de la Navidad parece haberse hecho sustancia, realidad, entre ellos.

Uno de los tres hombres que participaron en la acción narra el cuento. Por esto, la narración tiene un tono personal y coloquial. Sin embargo, el lector no debe concluir que «así se habla». La repetición de la frase «en una noche como ésta», las muchas alusiones a la música popular y la presencia de varios elementos «irracionales» llaman nuestra atención a una dimensión poética de la realidad descrita. Pocas son las personas capaces de contar espontáneamente historias de esta forma.

Lectura recomendada: *El camino*, novela

CUESTIONARIO

LA ACCIÓN DE NOCHEBUENA*

1. ¿Qué es lo mejor que puede hacer en Nochebuena un hombre solo recién salido de la cárcel?

2. ¿Qué es lo peor de su condición de hombre solitario? ¿Qué es malo y absurdo?

3. Describa al hombre con quien se encuentra el narrador.

4. ¿Qué hacen los hombres? ¿Cuál es la reacción de la otra gente?

5. ¿En qué piensa el narrador mientras escucha la música? ¿Por qué preferiría que tocara Nicolás de una manera continuada?

6. Describa el interior de la taberna en que entran los dos hombres.

7. ¿Cómo es la cara de Nicolás?

8. ¿Cómo es el tabernero? Explique sus reacciones cuando llegan el narrador y Nicolás.

9. ¿Por qué insiste el tabernero en que Nicolás toque primero *La última noche que pasé contigo*?

10. ¿Por qué asocia el narrador a su hijo con cierta canción?

---

* The questions on this story are in four parts: the action on Christmas Eve; the narrator's story; that of Nicolás, the accordion player; and that of the tavern keeper.

11. Mientras los tres hablan de sus respectivas vidas, ¿qué hacen?

12. ¿Qué se va cuajando entre los hombres a medida que avanza la noche y los hombres cuentan sus historias?

13. ¿Qué sonidos se oyen fuera? ¿Por qué se abre el cuarterón?

14. Cuando el narrador compara la música con caricias y dice que tiene una fuerza evocadora, ¿qué entiende el lector?

15. Al concluirse el cuento, ¿qué se oye fuera?

LA HISTORIA DEL NARRADOR

16. ¿Qué quería que fuera su hijo? ¿Qué opinaba la madre?

17. ¿Cómo reaccionó Chelo cuando se enfermó su hijo y tuvieron que llamar al médico?

18. ¿Qué hizo el narrador la noche que le operaron a su hijo?

19. Y Chelo, ¿qué hizo después de la muerte de su hijo? ¿Por qué no abandonó antes al narrador?

20. ¿Qué hizo el narrador para poder pagar al médico?

21. Describa su experiencia en la cárcel.

LA HISTORIA DE NICOLÁS

22. ¿Qué vio Nicolás en el escaparate de una administración de lotería?

23. ¿Por qué no compró el número veintiuno? ¿Le habría tocado el premio gordo si hubiera comprado el número veintiuno?

24. ¿Cómo se explica lo que pasó con la churrera? ¿De quién fue la culpa?

25. ¿Por qué no cobró una indemnización?

LA HISTORIA DEL TABERNERO

26. ¿Quién era «como una flor»?

27. ¿Cuál fue el último tango que bailó el tabernero?

28. ¿Qué había querido la mujer del tabernero?

29. ¿Qué opinión tenía el tabernero acerca de su mujer antes de que ella muriera? ¿y después?

30. ¿Qué quería su mujer que hiciera el tabernero?

31. ¿Por qué murió la mujer del tabernero? ¿Por qué había ido a ver a su madre la tarde de su muerte?

32. ¿Cómo bailaban juntos el tabernero y su mujer? ¿Qué ganaron?

EN UNA NOCHE ASÍ [1]

Yo no sé qué puede hacer un hombre recién salido de la cárcel en una fría noche de Navidad y con dos duros en el bolsillo. Casi lo mejor si, como en mi caso, se encuentra solo es ponerse a silbar[2] una banal canción infantil y sentarse al relente[3] del parque a observar cómo pasa la gente y los preparativos de la felicidad de la gente. Porque lo peor no es el estar solo, ni el hiriente frío de la Nochebuena, ni el terminar de salir de la cárcel, sino el encontrarse uno a los treinta años con el hombro izquierdo molido por el reuma, el hígado trastornado, la boca sin una pieza y hecha una dolorosa y total porquería.[4] Y también es mala la soledad y la conciencia de la felicidad aleteando en torno, pero sin decidirse a entrar en uno. Todo eso es malo como es malo el sentimiento de todo ello y como es absurda y torpe la pretensión de reformarse uno de cabo a rabo[5] en una noche como ésta, con el hombro izquierdo molido por el reuma y con un par de duros en el bolsillo.

La noche está fría, cargada de nubes grises, abultadas y uniformes que amenazan nieve. Es decir, puede nevar o no nevar, pero el que nieve o no nieve[6] no remediará mi reuma, ni la boca desdentada, ni el horroroso vacío de mi estómago. Por eso fui a donde había música y me encontré a un hombre con la cara envuelta en una hermosa bufanda, pero con un traje raído, cayéndosele a pedazos. Estaba sentado en la acera, ante un café bri-

---

[1] "On a night like this," words re-echoed throughout the story
[2] About the best he can do if, as in my case, he is alone, is to start to whistle
[3] to sit out in the night drizzle
[4] his mouth without a tooth and made into a painful and complete botch
[5] from head to toe
[6] but whether or not it snows

llantemente iluminado, y tenía entre las piernas, en el suelo, una boina negra, cargada de monedas de poco valor. Me aproximé a él y me detuve a su lado sin decir palabra porque el hombre interpretaba en ese momento en su acordeón *El Danubio Azul*[7] y hubiera sido un pecado interrumpirle. Además, yo tenía la sensación de que tocaba para mí y me emocionaba el que un menesteroso tocase[8] para otro menesteroso en una noche como ésta. Y al concluir la hermosa pieza le dije:

—¿Cómo te llamas?

Él me miró con las pupilas semiocultas bajo los párpados superiores, como un perro implorando para que no le den más puntapiés. Yo le dije de nuevo:

—¿Cómo te llamas?

Él se incorporó y me dijo:

—Llámame Nicolás.

Recogió la gorra, guardó las monedas en el bolsillo y me dijo:

—¿Te parece que vayamos andando?[9]

Y yo sentía que nos necesitábamos el uno al otro, porque en una noche como ésta un hombre necesita de otro hombre y todos del calor de la compañía. Y le dije:

—¿Tienes familia?

Me miró sin decir nada. Yo insistí y dije:

—¿Tienes familia?

Él dijo, al fin:

—No te entiendo. Habla más claro.

Yo entendía que ya estaba lo suficientemente claro, pero le dije:

—¿Estás solo?

Y él dijo:

—Ahora estoy contigo.

—¿Sabes tocar andando?—le dije yo.

—Sé—me dijo.

Yo le pedí que tocara *Esta noche es Nochebuena* mientras caminábamos y los escasos transeúntes rezagados nos miraban con un poco de recelo y yo, mientras Nicolás tocaba, me acordaba de mi hijo muerto y de la Chelo y de dónde andaría la Chelo y de dónde andaría mi hijo muerto. Y cuando concluyó Nicolás, le dije:

---

[7] A popular Viennese waltz; other pieces mentioned are popular and traditional melodies.

[8] **tocara**

[9] What do you say we get going?

—¿Quieres tocar ahora *Quisiera ser tan alto como la luna, ay, ay*?

Yo hubiera deseado que Nicolás tocase de una manera continuada,[10] sin necesidad de que yo se lo pidiera, todas las piezas que despertaban en mí un eco lejano o un devoto recuerdo, pero Nicolás se interrumpía a cada pieza y yo había de rogarle que tocara otra cosa en su acordeón y para pedírselo había de volver de mi recuerdo a mi triste realidad actual y cada incorporación al pasado[11] me costaba un estremecimiento y un gran dolor.

Y así, andando, salimos de los barrios céntricos y nos hallábamos—más a gusto—[12] en pleno foco de artesanos y menestrales. Y hacía tanto frío que hasta el resuello del acordeón se congelaba en el aire como un jirón de niebla blanquecina. Entonces le dije a Nicolás:

—Vamos ahí dentro. Hará menos frío.

Y entramos en una taberna destartalada, sin público,[13] con una larga mesa de tablas de pino sin cepillar y unos bancos tan largos como la mesa. Hacía bueno allí[14] y Nicolás se recogió la bufanda. Vi entonces que tenía media cara sin forma, con la mandíbula inferior quebrantada y la piel arrugada y recogida en una pavorosa cicatriz. Tampoco tenía ojo derecho en ese lado. Él me vio mirarle y me dijo:

—Me quemé.

Salió el tabernero, que era un hombre enorme con el cogote recto y casi pelado y un cuello ancho, como de toro. Tenía las facciones abultadas y la camisa recogida por encima de los codos.[15] Parecía uno de esos tipos envidiables que no tienen frío nunca.

—Iba a cerrar—dijo.

Y yo dije:

—Cierra. Estaremos mejor solos.

Él me miró y, luego, miró a Nicolás. Vacilaba. Yo dije:

—Cierra ya. Mi amigo hará música y beberemos. Es Nochebuena.

Dijo Nicolás:

—Tres vasos.

El hombrón, sin decir nada, trancó la puerta, alineó tres vasos

---

[10] continuously
[11] and each time I reentered the past
[12] more comfortable
[13] without customers

[14] It was nice in there
[15] his shirt(sleeves) turned up above his elbows

en el húmedo mostrador de cinc y los llenó de vino. Apuré el mío
y dije:

—Nicolás, toca *Mambrú se fue a la guerra,* ¿quieres?

El tabernero hizo un gesto patético. Nicolás se detuvo. Dijo el
tabernero:

—No; tocará antes *La última noche que pasé contigo.* Fue el último
tango que bailé con ella.

Se le ensombreció la mirada de un modo extraño. Y mientras
Nicolás tocaba le dije:

—¿Qué?

Dijo él:

—Murió. Va para tres años.[16]

Llenó los vasos de nuevo y bebimos y los volvió a llenar y
volvimos a beber y los llenó otra vez y otra vez bebimos y después, sin que yo dijera nada, Nicolás empezó a tocar *Mambrú se fue
a la guerra* con mucho sentimiento. Noté que me apretaba la
garganta y dije:

—Mi chico cantaba esto cada día.

El tabernero llenó otra vez los vasos y dijo sorprendido:

—¿Tienes un hijo que sabe cantar?

Yo dije:

—Le tuve.

Él dijo:

—También mi mujer quería un hijo y se me fue sin conse-
guirlo. Ella era una flor, ¿sabes? Yo no fui bueno con ella y se
murió. ¿Por qué será que[17] mueren siempre los mejores?

Nicolás dejó de tocar. Dijo:

—No sé de qué estáis hablando. Cuando la churrera me abrasó
la cara la gente bailaba *La morena de mi copla.* Es de lo único que
me acuerdo.

Bebió otro vaso y tanteó[18] en el acordeón *La morena de mi copla.*
Luego lo tocó ya formalmente. Volvió a llenar los vasos el tabernero y se acodó en el mostrador. La humedad y el frío del cinc no
parecían transmitirse a sus antebrazos desnudos. Yo le miraba a él
y miraba a Nicolás y miraba al resto del recinto despoblado y
entreveía en todo ello un íntimo e inexplicable latido familiar. A
Nicolás le brillaba el ojo solitario con unos fulgores extraños. El

---

[16] About three years ago.   [18] tried out
[17] I wonder why it is that

tabernero dulcificó su dura mirada y después de beber dijo:

—Entonces ella no me hacía ni fu ni fa.[19] Parecía como si las cosas no pudieran ser de otra manera y a veces yo la quería y otras veces la maltrataba, pero nunca me parecía que fuera ella nada extraordinario.[20] Y luego, al perderla, me dije: «Ella era una flor.» Pero ya la cosa no tenía remedio y a ella la enterraron y el hijo que quería no vino nunca. Así son las cosas.

En tanto duró su discurso, yo me bebí un par de copas; por supuesto, con la mayor inocencia. Yo no buscaba en una noche como ésta la embriaguez, sino la sana y caliente alegría de Dios y un amplio y firme propósito de enmienda. Y la música que Nicolás arrancaba del acordeón estimulaba mis rectos impulsos y me empujaba a amarle a él y a amar al tabernero y a amar a mi hijo muerto y a perdonar a la Chelo su desvío. Y dije:

—Cuando el chico cayó enfermo yo la dije a la Chelo que avisara al médico y ella me dijo que un médico costaba diez duros. Y yo dije: «¿Es dinero eso?»[21] Y ella dijo: «Yo no sé si será dinero o no, pero yo no lo tengo.» Y yo dije, entonces: «Yo tampoco lo tengo, pero eso no quiere decir que diez duros sean dinero.»

Nicolás me taladraba con su ojo único enloquecido por el vino. Había dejado de tocar y el acordeón pendía desmayado de su cuello, sobre el vientre, como algo frustrado o prematuramente muerto. El instrumento tenía mugre en las orejas y en las notas y en los intersticios del fuelle; pero sonaba bien y lo demás no importaba. Y cuando Nicolás apuró otra copa, le bendije interiormente porque se me hacía que bebía[22] música y experiencia y disposición para la música. Le dije:

—Toca *Silencio en la noche,* si no estás cansado.

Pero Nicolás no me hizo caso; quizá no me entendía. Su único ojo adquirió de pronto una expresión retrospectiva. Dijo Nicolás:

—¿Por qué he tenido yo en la vida una suerte tan perra?[23] Un día yo vi en el escaparate de una administración de loterías[24] el número veintiuno y me dije: «Voy a comprarle; alguna vez ha de

---

[19] At that time she didn't make any difference to me one way or the other.
[20] that she was anything special
[21] That's a lot of money?
[22] because it seemed to me that I was drinking in

[23] such mean luck
[24] lottery office

tocar el número veintiuno.»[25] Pero en ese momento pasó un vecino y me dijo: «¿Qué miras en ese número, Nicolás? La lotería no cae en los números bajos.» Y yo pensé: «Tiene razón; nunca cae la lotería en los números bajos.» Y no compré el número veintiuno y compré el cuarenta y siete mil doscientos treinta y cuatro. Nicolás se detuvo y suspiró. El tabernero miraba a Nicolás con atención concentrada. Dijo:

—¿Cayó, por casualidad, el gordo[26] en el número veintiuno?

A Nicolás le brillaba, como de fiebre, el ojo solitario. Se aclaró la voz con un carraspeo y dijo:

—No sé; pero en el cuarenta y siete mil doscientos treinta y cuatro no me tocó ni el reintegro.[27] Fue una cochina suerte la mía.

Hubo un silencio y los tres bebimos para olvidar la negra suerte de Nicolás. Después bebimos otra copa para librarnos, en el futuro, de la suerte perra. Entre los tres iba cuajando una casi visible sentimiento de solidaridad. Bruscamente el tabernero nos volvió la espalda y buscó un nuevo frasco en la estantería. Entonces noté yo debilidad en las rodillas y dije:

—Estoy cansado; vamos a sentarnos.

Y nos sentamos Nicolás y yo en el mismo banco y el tabernero, con la mesa por medio, frente a nosotros; y apenas sentados, el tabernero dijo:

—Yo no sé qué tenía aquella chica que las demás no tienen. Era rubia, de ojos azules y, a su tiempo, se movía bien. Era una flor. Ella me decía: «Pepe, tienes que vender la taberna y dedicarte a un oficio más bonito.» Y yo la[28] decía: «Sí, encanto.»[29] Y ella me decía: «Es posible que entonces tengamos un hijo.» Y yo la decía: «Sí, encanto.» Y ella decía: «Si tenemos un hijo, quiero que tenga los ojos azules como yo.» Y yo la decía: «Sí, encanto.» Y ella decía...

Balbucí yo:

—Mi chico también tenía los ojos azules y yo quería que fuese[30] boxeador. Pero la Chelo[31] se plantó y me dijo que si el chico era boxeador ella se iba. Y yo la dije: «Para entonces[32] ya serás vieja;

---

[25] some time number 21 has got to pay off for me
[26] the grand prize
[27] but number 47,234 didn't even pay for itself
[28] Note the colloquial la instead of le.

[29] my dear
[30] fuera
[31] Note the use of the article with a name: la Chelo.
[32] By then

nadie te querrá.» Y ella se echó a llorar. También lloraba cuando el chico se puso malito y yo, aunque no lloraba, sentía un gran dolor aquí. Y la Chelo me echaba en cara el que yo no llorase,[33] pero yo creo que el no llorar deja el sentimiento dentro y eso es peor. Y cuando llamamos al médico, la Chelo volvió a llorar porque no teníamos los diez duros y yo la pregunté: «¿Es dinero eso?» El chico no tenía los ojos azules por entonces, sino pálidos y del color del agua. El médico, al verlo, frunció el morro y dijo: «Hay que operar en seguida.» Y yo dije: «Opere.» La Chelo me llevó a un rincón y me dijo: «¿Quién va a pagar todo esto? ¿Estás loco?» Yo me enfadé: «¿Quién ha de pagarlo? Yo mismo», dije. Y trajeron una ambulancia y aquella noche yo no me fui a echar la partida,[34] sino que me quedé junto a mi hijo, velándole. Y la Chelo lloraba silenciosamente en un rincón, sin dejarlo un momento.

Hice un alto y bebí un vaso. Fuera sonaban las campanas anunciando la misa del Gallo.[35] Tenían un tañido lejano y opaco aquella noche y Nicolás se incorporó y dijo:

—Hay nieve cerca.

Se aproximó a la ventana, abrió el cuarterón, lo volvió a cerrar y me enfocó su ojo triunfante:

—Está nevando ya—dijo. —No me he equivocado.

Y permanecimos callados un rato, como si quisiésemos[36] escuchar desde nuestro encierro el blando posarse de los copos sobre las calles y los tejados. Nicolás volvió a sentarse y el tabernero dijo destemplado:

—¡Haz música!

Nicolás ladeó la cabeza y abrió el fuelle del acordeón en abanico. Comenzó a tocar *Adiós, muchachos, compañeros de mi vida*. El tabernero dijo:

—Si ella no se hubiera emperrado en pasar aquel día con su madre, aún estaría aquí a mi lado. Pero así son las cosas. Nadie sabe lo que está por pasar. También si no hubiera tabernas el chófer estaría sereno[37] y no hubiera ocurrido lo que ocurrió. Pero el chófer tenía que estar borracho y ella tenía que ver a su madre y los dos tenían que coincidir en la esquina precisamente, y nada más. Hay cosas que están escritas y nadie puede alterarlas.

---

[33] threw in my teeth the fact that I didn't cry
[34] I didn't go play a game of cards
[35] Midnight Mass
[36] **quisiéramos**
[37] clearheaded

Nicolás interrumpió la pieza. El tabernero le miró airado y dijo:

—¿Quieres tocar de una vez?

—Un momento—dijo Nicolás. —El que yo no comprara el décimo de lotería[38] con el número veintiuno aquella tarde fue sólo culpa mía y no puede hablarse de mala suerte. Ésa es la verdad. Y si la churrera me quemó es porque me puse debajo de la sartén. Bueno. Pero ella estaba encima y lo que ella decía es que lo mismo que me quemó pudo ella coger una pulmonía con el aire del acordeón.[39] Bueno. Todo eso son pamplinas[40] y ganas de embrollar las cosas. Yo la dije: «Nadie ha pescado una pulmonía con el aire de un acordeón, que yo sepa.»[41] Y ella me dijo: «Nadie abrasó a otro con el aceite de freír los churros.» Yo me enfadé y dije: «¡Caracoles, usted a mí!»[42] Y la churrera dijo: «También pude yo pescar una pulmonía con el aire del acordeón.»

A Nicolás le brillaba el ojo como si fuese[43] a llorar. Al tabernero parecía fastidiarle el desahogo de Nicolás.

—Toca; hoy es Nochebuena—dijo.

Nicolás sujetó entre sus dedos el instrumento. Preguntó:

—¿Qué toco?

El tabernero entornó los ojos, poseído de una acuciante y turbadora nostalgia:

—Toca de nuevo *La última noche que pasé contigo,* si no te importa.

Escuchó en silencio los primeros compases, como arrobado. Luego dijo:

—Cuando bailábamos, ella me cogía a mí por la cintura en vez de ponerme la mano en el hombro. Creo que no alcanzaba a mi hombro porque ella era pequeñita y por eso me agarraba por la cintura. Por eso no nos perjudicaba y ella y yo ganamos un concurso de tangos. Ella bailaba con mucho sentimiento el tango. Un jurado la dijo: «Chica, hablas con los pies.» Y ella vino a mí a que la besara en los labios porque habíamos ganado el concurso de tangos y porque para ella el bailar bien el tango era lo primero y

---

[38] tenth part of a lottery ticket (tickets are sold whole or in fractions)

[39] and what she said was that just as she burned me, she could have caught pneumonia from the breeze of my accordion

[40] All of that is nonsense

[41] so far as I know

[42] Confound it, you *did* burn me!

[43] **fuera**

más importante en la vida después de tener un hijo.

Nicolás pareció despertar de un sueño.

—¿Es que no tienes hijos?—preguntó.

El tabernero arrugó la frente.

—He dicho que no. Iba a tener uno cuando ella murió. Para esos asuntos iba a casa de su madre. Yo aún no lo sabía. Yo bebí otro vaso antes de hablar. Tenía tan presente a mi hijo muerto[44] que se me hacía que el mundo no había rodado desde entonces. Apenas advertí la ronquera de mi voz cuando dije:

—Mi hijo murió aquella noche y la Chelo se marchó de mi lado sin despedirse. Yo no sé qué temería la condenada, puesto que el chico ya no podría ser boxeador. Pero se fue y no he sabido de ella desde entonces.

El acordeón de Nicolás llenaba la estancia de acentos modulados como caricias. Tal vez por ello el tabernero, Nicolás y un servidor[45] nos remontábamos en el aire, con sus notas, añorando las caricias que perdimos. Sí, quizá fuera por ello, por el acordeón; tal vez por la fuerza evocadora de una noche como ésta. El tabernero tenía ahora los codos incrustados en las rodillas y la mirada perdida bajo la mesa de enfrente.

Nicolás dejó de tocar. Dijo:

—Tengo la boca seca.

Y bebió dos nuevos vasos de vino. Luego apoyó el acordeón en el borde de la mesa para que su cuello descansara de la tirantez del instrumento. Le miré de refilón y vi que tenía un salpullido en la parte posterior del pescuezo. Pregunté:

—¿No duele eso?

Pero Nicolás no me hizo caso. Nicolás sólo obedecía los mandatos imperativos. Ni me miró esta vez, siquiera. Dijo:

—Mi cochina suerte llegó hasta eso. Una zarrapastrosa me abrasó la cara y no saqué ni cinco por ello. Los vecinos me dijeron que tenía derecho a una indemnización, pero yo no tenía cuartos para llevar el asunto por la tremenda.[46] Me quedé sin media cara y ¡santas pascuas![47]

---

[44] I had my dead son so much on my mind

[45] and I (your servant: colloquial allusion to self)

[46] but I didn't have the money to make a big issue of it

[47] and I give up!

Yo volví a acordarme de mi hijo muerto y de la Chelo y pedí a Nicolás que interpretase *Al corro, claró*. Después bebí un trago para entonarme y dije:

—En el reposo de estos meses he reflexionado y ya sé por qué la Chelo se fue de mi lado. Ella tenía miedo de la factura del médico y me dejó plantado como una guarra. La Chelo no me quería a mí. Me aguantó por el chico; si no se hubiera marchado antes. Y por eso me dejó colgado con la cuenta del médico[48] y el dolor de mi hijo muerto. Luego, todo lo demás. Para tapar un agujero tuve que abrir otro agujero y me atraparon. Ésa fue mi equivocación: robar en vez de trabajar. Por eso no volveré a hacerlo...

Me apretaba el dolor en el hombro izquierdo y sentía un raro desahogo hablando. Por ello, bebí un vaso y agregué:

—Además...

El tabernero me dirigió sus ojos turbios y cansados, como los de un buey:

—¿Es que no hay más?—dijo.

—Hay—dije yo. —En la cárcel me hizo sufrir mucho el reuma y para curarlo me quitaron los dientes y me quitaron las muelas y me quitaron las anginas; pero el reuma seguía. Y cuando ya no quedaba nada por quitarme me dijeron: «El trescientos trece tome salicilato.»[49]

—¡Ah!—dijo Nicolás.

Yo agregué:

—El trescientos trece era yo anteayer.

Y después nos quedamos todos callados. De la calle ascendía un alegre repiqueteo de panderetas y yo pensé en mi hijo muerto, pero no dije nada. Luego vibraron al unísono las campanas de muchas torres y yo pensé: «¡Caramba, es Nochebuena; hay que alegrarse!» Y bebí un vaso.

Nicolás se había derrumbado de bruces sobre la mesa y se quedó dormido. Su respiración era irregular, salpicada de fallos y silbidos; peor que la del acordeón.[50]

---

[48] and for that reason she left me with the present of the doctor's bill
[49] Prisoner Number 313 will take salicylate.
[50] His breathing was uneven, punctuated with wheezes and whistles; even worse than that of the accordion.

LA VIVENCIA

1. El narrador recién salido de la cárcel, Nicolás el acordeonista de pasado nebuloso y el tabernero—todos parecen sentirse «excluidos» de las festividades de la Nochebuena, una fiesta que se celebra con la familia. Comente sus respectivas «historias», explicando los factores personales y sociológicos que los llevaron a la soledad y a la alienación.

2. ¿Es el uso del alcohol por los tres hombres en esta noche algo más que escapismo? Su opinión debe armonizarse con la presentación de la situación por el autor.

3. ¿Quiere el autor dar un mensaje de «paz en la tierra a los hombres de buena voluntad»? ¿Por qué ha escogido unos personajes entre los pobres y abandonados, víctimas de la indiferencia, el egoísmo, la crueldad, etcétera? Si el autor se identifica con sus personajes, ¿qué le separa de ellos? ¿Usa el autor a los pobres para darnos algún mensaje político y social?

PERSPECTIVAS LITERARIAS

1. El autor coloca la acción en la Nochebuena, y luego los personajes identifican ciertas canciones con los pocos momentos de felicidad que han conocido. Hay otros aspectos del cuento en que se subraya lo sentimental. ¿Es eficaz esta técnica? ¿Qué efecto tiene esto en el lector?

2. Además de ser un personaje superficial, Nicolás parece incapaz de encontrarle sentido a la vida. ¿Con qué dimensiones de la realidad parece estar en contacto? ¿Qué propósito tiene Delibes al desarrollar este personaje? ¿Es necesaria la ambigüedad al presentar un personaje como Nicolás?

3. ¿Qué expresiones y repeticiones dan autenticidad a la acción, es decir, nos hacen pensar que estamos presenciando una acción en la cual «los personajes hablan cómo habla la gente»? ¿Qué elementos contradicen esta observación?

PARTE TRES

EL MISTERIO
Y LA LOCURA

Hay experiencias que no pueden explicarse racionalmente. En el siglo XIX hubo un creciente interés en la explotación literaria de las varias dimensiones de lo extraordinario, lo irracional, lo anormal y lo criminal. Se crearon la ciencia ficción, la novela de detectives y la ficción del horror. La influencia de la psicología freudiana en el siglo XX trajo consigo la exploración de la borrosa frontera entre la consciencia y la inconsciencia y también intensificó la fascinación con lo anormal. En las últimas décadas, el cine y los escritores han creado una gran cantidad de estas obras para casi todos los públicos. Lo extraordinario, lo irracional y lo horrorífico se han convertido en parte de la experiencia cotidiana.

Al niño le encanta y atrae el misterio en especial. Puesto que desde siempre la imaginación del ser humano ha poblado el universo de seres con poderes extraordinarios, como el escuerzo del cuento de Leopoldo Lugones, desde niños oímos relatos acerca de sucesos sobrenaturales. Si el narrador es una persona firmemente convencida en la verdad de lo que dice, el efecto puede ser imborrable. Cuando una vieja criada supersticiosa y medrosa le cuenta a un niño lo que le pasó a un hombre que no destruyó por completo un escuerzo, es difícil no creer en lo sobrenatural. Aunque «sabemos» que «no puede pasar eso», las sencillas palabras de la vieja criada parecen hipnóticas. Los niños de todas las épocas temen al coco, a fantasmas y a otros seres sobrenaturales. ¡Sería tan fácil, entonces, imaginarnos la llegada de un escuerzo monstruoso a nuestra puerta en una noche de luna!

Pero el terror puede tener sus orígenes tanto en el mundo interno como en el externo. El escritor argentino Julio Cortázar usa las aberraciones mentales de sus personajes para crear situaciones ambiguas. Al alojarse en el Hotel Cervantes, su personaje Petrone entra en una dimensión inesperada de la realidad. Lo que ve y experimenta sólo lo ve y lo experimenta él. El lector ha de analizar el estado emocional y psicológico de este hombre que tal vez transforma la realidad a fin de satisfacer necesidades personales. En «La caricia más profunda», el personaje que poco a poco va hundiéndose en la tierra tampoco entiende la causa de su progresiva «depresión». Pero el lector, a través de una serie de episodios absurdos, se da cuenta de que Cortázar se divierte con un juego intelectual y artístico. La depresión psicológica del personaje se expresa mediante su aparente hundimiento en la tierra. De esta manera se revela el extraordinario sentido de humor de Cortázar. Se trata de un humorismo que nos permite sonreír al mismo tiempo que logra comunicar la angustia de la pobre víctima horrorizada.

El cuento de horror—sencillo y clásico—fascina los lectores en todas partes. Horacio Quiroga tal vez ha escrito los mejores cuentos de horror de la literatura hispanoamericana. En «El solitario» presenta el caso de una mujer egoísta, bella y vanidosa que logra convertir en un infierno la vida de su marido incapaz de saciar sus demandas. Sin profundizar en el análisis psicológico, Quiroga se concentra en dejar actuar a sus personajes. Mientras el lector presencia en escena tras escena la humillaciones del pobre joyero, la tensión va creciendo. Tal vez no nos sorprenda el hecho del homicidio tanto como el método de realizarlo y la descripción sensual de la escena final. Si se interpreta psicológicamente el simbolismo literario, uno podrá explicarse por qué el joyero elige hundir un alfiler en el corazón de su mujer.

Cuando se borran las fronteras entre el mundo convencional y el de la imaginación, casi es necesario inventar una nueva lógica para interpretar nuestras experiencias. Cuando Borges escribe cuentos de detectives, entra en dimensiones temporales que tienen poca relación con nuestra experiencia cotidiana. La acción del pasado es la de hoy o la de otros pasados. Es más, las fronteras entre la vida y la creación literaria se borran. Los sucesos históricos resultan ser vastas producciones literarias, teatrales, con miles de actores conscientes e inconscientes. Además, aunque muchos creen que la literatura imita a la vida, ahora la literatura resulta imitada *por* la vida. El «detective», que comienza a comprender lo que pasó, se da cuenta de que los conspiradores de hace cien años sabían que un día un hombre como él iba a tratar de entender las misteriosas acciones del pasado. Cuando uno escribe la historia de una conspiración de entonces, participa en el complot. Es decir, participa directamente en una acción «histórica» que en algún sentido imitó el asesinato de Abraham Lincoln, ¡antes de que lo asesinaran! El sentido irónico que permite jugar así con «la verdad» sugiere que la verdad puede ser mucho más variada, compleja y divertida de lo que piensan los que creen que las verdades son siempre sencillas.

LEOPOLDO LUGONES

(1874–1938)

Después de hacerse periodista en Córdoba, capital de la provincia argentina donde nació, Lugones se trasladó a Buenos Aires. Además de su trabajo de periodista—colaborador en el diario *La Nación*—desempeñó cargos de inspector de escuelas secundarias, de bibliotecario y de representante diplomático. Hombre capaz de cambios extremos, en la política Lugones evolucionó desde el socialismo de su juventud hasta el nacionalismo reaccionario de sus últimos años. Desde 1893, cuando entabló relaciones con el poeta nicaragüense Rubén Darío e hizo suya la estética modernista, Lugones comenzó a distinguirse como poeta, llegando a ser considerado uno de los más importantes innovadores de la literatura en Sudamérica.

El lector de «El escuerzo», cuento de *Las fuerzas extrañas*, entra en contacto con lo sobrenatural. La psicología de los personajes femeninos refleja la eterna capacidad del ser humano para inventar leyendas acerca de fuerzas sobrenaturales atribuidas a los animales (por ejemplo, en el «Viejo Mundo» la creencia supersticiosa en el basilisco que mata con la vista o en la salamandra que no se quema en el fuego). Igual fascinación ejercen los animales indígenas sobre los europeos que vinieron a poblar el vasto territorio americano.

Aunque en otros cuentos Lugones creó intricadas tramas y explicaciones de sucesos misteriosos y fantásticos con un estilo más difícil, «El escuerzo» capta lo popular en un estilo sencillo. Lo importante de este cuento es el horror que el lector comparte con el chico que, sin saber lo que hacía, cazó y mató un escuerzo. Aunque la inteligencia se niega a creer que sea posible lo contado, seguimos, como los niños, convencidos de que lo fantástico puede ser.

Lecturas recomendadas: «Ysur» y «Viola acherontia», de *Las fuerzas extrañas*

CUESTIONARIO

1. ¿Qué suceso es el punto de partida del cuento?

2. ¿Por qué era necesario consultar con la criada?

3. ¿Cuál fue la reacción de esta mujer? Según ella, ¿qué medidas debían tomarse? ¿Para qué?

4. ¿Por qué le pareció conveniente a la criada contar la historia de Antonia?

5. ¿Cuál fue la reacción del chico? ¿y la de Julia?

6. ¿Quién era Antonia? ¿Dónde vivía? ¿Quién vivía con ella?

7. ¿Qué le contó el muchacho a su madre? ¿Cuál fue la reacción de la madre?

8. ¿Qué pensaba el muchacho acerca del cuento?

9. ¿Pudieron encontrar el cadáver del escuerzo? ¿Por qué le dijo su madre que eso ya no tenía remedio?

10. ¿Qué hicieron madre e hijo a la hora de acostarse?

11. ¿Por qué no quería el muchacho dormir en la caja?

12. ¿Por qué accedió el muchacho al pedido de su madre?

13. ¿A qué hora se presentó el bultito negro? ¿Por qué fue tan fácil verlo?

14. Según la madre, ¿cómo cambió el escuerzo?

15. ¿Y luego, qué hizo el escuerzo? ¿y la madre?

16. ¿Qué hizo el escuerzo estando encima de la tapa de la caja?

17. Después de irse el sapo, ¿qué se atrevió a hacer la madre?

18. Describa el estado del hijo cuando su madre lo vio.

19. ¿Qué le pasó a Antonia?

EL ESCUERZO[1]

Un día de tantos,[2] jugando en la quinta de la casa donde habitaba la familia, di con un pequeño sapo que, en vez de huir como sus congéneres más corpulentos, se hinchó extraordinariamente bajo mis pedradas. Horrorizábanme los sapos y era mi diversión aplastar cuantos podía. Así es que el pequeño y obstinado reptil no tardó en sucumbir a los golpes de mis piedras. Como todos los muchachos criados en la vida semi-campestre de nuestras ciudades de provincia,[3] yo era un sabio en lagartos y sapos. Además, la casa estaba situada cerca de un arroyo que cruza la ciudad, lo cual contribuía a aumentar la frecuencia de mis relaciones con tales bichos. Entro en estos detalles, para que se comprenda bien cómo me sorprendí al notar que el atrabiliario[4] sapito me era enteramente desconocido. Circunstancia de consulta,[5] pues. Y tomando mi víctima con toda la precaución del caso, fui a preguntar por ella a la vieja criada, confidente de mis primeras empresas de cazador. Tenía yo ocho años y ella sesenta. El asunto había, pues, de interesarnos a ambos. La buena mujer estaba, como de costumbre, sentada a la puerta de la cocina, y yo esperaba ver acogido mi relato con la acostumbrada benevolencia, cuando apenas hube empezado,[6] la vi levantarse apresuradamente y arrebatarme de las manos el despanzurrado animalejo.[7]

—¡Gracias a Dios que no lo hayas dejado! —exclamó con muestras de la mayor alegría. En este mismo instante vamos a quemarlo.

---

[1] A type of toad; see note 8
[2] One day like many others
[3] in the semirural life of our provincial cities
[4] gloomy
[5] A matter requiring consultation
[6] When hardly had I begun
[7] the little smashed animal

—¿Quemarlo?—dije yo; pero qué va a hacer, si ya está muerto...

—¿No sabes que es un escuerzo[8]—replicó en tono misterioso mi interlocutora—y que este animalejo resucita si no lo queman? ¡Quién te mandó matarlo! ¡Eso habías de sacar al fin con tus pedradas![9] Ahora voy a contarte lo que le pasó al hijo de mi amiga la finada Antonia, que en paz descanse.[10]

Mientras hablaba, había recogido y encendido algunas astillas[11] sobre las cuales puso el cadáver del escuerzo.

¡Un escuerzo! decía yo, aterrado bajo mi piel de muchacho travieso; ¡un escuerzo! Y sacudía los dedos como si el frío del sapo se me hubiera pegado a ellos. ¡Un sapo resucitado! Era para enfriarle la médula a un hombre de barba entera.[12]

—¿Pero usted piensa contarnos una nueva batracomiomaquía[13]? —interrumpió aquí Julia con el amable desenfado de su coquetería de treinta años.[14]

—De ningún modo, señorita. Es una historia *que ha pasado.*[15]

Julia sonrió.

—No puede usted figurarse cuánto deseo conocerla...

—Será usted complacida, tanto más cuanto que[16] tengo la pretensión de[17] vengarme con ella de su sonrisa.

Así, pues, proseguí, mientras se asaba mi fatídica pieza de caza,[18] la vieja criada hilvanó su narración que es como sigue:

Antonia, su amiga, viuda de un soldado, vivía con el hijo único que había tenido de él, en una casita muy pobre, distante de toda población. El muchacho trabajaba para ambos, cortando madera en el vecino bosque, y así pasaban año tras año, haciendo a pie la jornada de la vida.[19] Un día volvió, como de costumbre, por la tarde, para tomar su mate,[20] alegre, sano, vigoroso, con su hacha

---

[8] A toad, *Ceratophrys ornata,* about which various legends exist.
[9] That's what had to come of your stonings!
[10] of my friend, the deceased Antonia, (who) may she rest in peace
[11] wood chips
[12] It was enough to chill the marrow of a full-grown man
[13] a poem attributed to Homer about a war between frogs and mice

[14] with the affable (ironic) casualness and sophistication of her 30 years. (She considers herself superior to the boy and servant and speaks sarcastically.)
[15] it really happened
[16] all the more because
[17] I intend to
[18] prey killed in the hunt
[19] making life's journey on foot
[20] Spanish American tea made of maté leaves and flowers, drunk from a gourd

al hombro. Y mientras lo hacían, refirió a su madre que en la raíz de cierto árbol muy viejo había encontrado un escuerzo, al cual no le valieron hinchazones para quedar hecho una tortilla bajo el ojo de su hacha.[21]

La pobre vieja se llenó de aflicción al escucharlo, pidiéndole que por favor la acompañara al sitio, para quemar el cadáver del animal.

—Has de saber,—le dijo—que el escuerzo no perdona jamás al que lo ofende. Si no lo queman, resucita, sigue el rastro de su matador y no descansa hasta que puede hacer con él otro tanto.[22]

El buen muchacho rió grandemente del cuento, intentando convencer a la pobre vieja de que aquello era una paparrucha buena para asustar chicos molestos, pero indigna de preocupar a una persona de cierta reflexión.[23] Ella insistió, sin embargo, en que la acompañara a quemar los restos del animal.

Inútil fue toda broma, toda indicación sobre lo distante del sitio, sobre el daño que podía causarle, siendo ya tan vieja, el sereno de aquella tarde de noviembre. A toda costa quiso ir y él tuvo que decidirse a acompañarla.

No era tan distante; unas seis cuadras a lo más. Fácilmente dieron con el árbol recién cortado, pero por más que hurgaron entre las astillas y las ramas desprendidas, el cadáver del escuerzo no apareció.

—¿No te dije?—exclamó ella echándose a llorar; —ya se ha ido; ahora ya no tiene remedio esto. ¡Mi padre San Antonio te ampare![24]

—Pero qué tontera, afligirse así. Se lo habrán llevado las hormigas o lo comería algún zorro hambriento. ¡Habráse visto extravagancia,[25] llorar por un sapo! Lo mejor es volver, que ya viene anocheciendo y la humedad de los pastos es dañosa.

Regresaron, pues, a la casita, ella siempre llorosa, él procurando distraerla con detalles sobre el maizal que prometía buena cosecha si seguía lloviendo; hasta volver de nuevo a las bromas y risas en presencia de su obstinada tristeza. Era casi de noche cuando llegaron. Después de un registro minucioso por todos los

---

[21] for which swelling up was no defense against being smashed under his axe

[22] the same thing

[23] a person able to think some for himself

[24] May Saint Anthony protect you!

[25] Has anyone ever seen such folly

rincones, que excitó de nuevo la risa del muchacho, comieron en el patio, silenciosamente, a la luz de la luna, y ya se disponía él a tenderse sobre su montura para dormir, cuando Antonia le suplicó que por aquella noche siquiera, consintiese en encerrarse[26] dentro de una caja de madera que poseía y dormir allí.

La protesta contra semejante petición fue viva. Estaba chocha, la pobre, no había duda. ¡A quién se le ocurría pensar en hacerlo dormir con aquel calor, dentro de una caja que seguramente estaría llena de sabandijas!

Pero tales fueron las súplicas de la anciana, que como el muchacho la quería tanto, decidió acceder a semejante capricho. La caja era grande, y aunque un poco encogido,[27] no estaría del todo mal. Con gran solicitud fue arreglada en el fondo la cama, metióse él adentro, y la triste viuda tomó asiento al lado del mueble, decidida a pasar la noche en vela para cerrarlo apenas hubiera la menor señal de peligro.[28]

Calculaba ella que sería la medianoche, pues la luna muy baja empezaba a bañar con su luz el aposento, cuando de repente un bultito negro, casi imperceptible, saltó sobre el dintel de la puerta que no se había cerrado por efecto del gran calor. Antonia se estremeció de angustia.

Allí estaba, pues, el vengativo animal, sentado sobre las patas traseras, como meditando un plan. ¡Qué mal había hecho el joven en reírse! Aquella figurita lúgubre, inmóvil en la puerta llena de luna, se agrandaba extraordinariamente, tomaba proporciones de monstruo. ¿Pero, si no era más que uno de los tantos sapos familiares que entraban cada noche a la casa en busca de insectos? Un momento respiró, sostenida por esta idea. Mas el escuerzo dio de pronto un saltito, después otro, en dirección a la caja. Su intención era manifiesta. No se apresuraba, como si estuviera seguro de su presa. Antonia miró con indecible expresión de terror a su hijo; dormía, vencido por el sueño, respirando acompasadamente.

Entonces, con mano inquieta, dejó caer[29] sin hacer ruido la tapa del pesado mueble. El animal no se detenía. Seguía saltando.

---

[26] that just for that night, he consent to being closed up
[27] and although he would be a little cramped
[28] in order to close it at the slightest sign of danger
[29] she dropped

Estaba ya al pie de la caja. Rodeóla pausadamente, se detuvo en uno de los ángulos, y de súbito, con un salto increíble en su pequeña talla,[30] se plantó sobre la tapa.

Antonia no se atrevió a hacer el menor movimiento. Toda su vida se había concentrado en sus ojos. La luna bañaba ahora enteramente la pieza. Y he aquí lo que sucedió: El sapo comenzó a hincharse por grados, aumentó, aumentó de una manera prodigiosa, hasta triplicar su volumen. Permaneció así durante un minuto, en que la pobre mujer sintió pasar por su corazón todos los ahogos de la muerte. Después fue reduciéndose, reduciéndose hasta recobrar su primitiva forma, saltó a tierra, se dirigió a la puerta y atravesando el patio acabó por perderse entre las hierbas.

Entonces se atrevió Antonia a levantarse, toda temblorosa. Con un violento ademán abrió de par en par la caja. Lo que sintió fue de tal modo horrible,[31] que a los pocos meses murió víctima del espanto que le produjo.

Un frío mortal salía del mueble abierto, y el muchacho estaba helado y rígido bajo la triste luz en que la luna amortajaba aquel despojo sepulcral, hecho piedra ya[32] bajo un inexplicable baño de escarcha.

LA VIVENCIA

1. El narrador nota que llevó una vida semi-campestre en una capital de provincias. ¿Sirve esta circunstancia para explicar las actitudes y las creencias de los personajes? ¿Hay supersticiones semejantes en otros ambientes?

2. ¿Qué nos explica la manera en que el chico llega a conocer la leyenda? ¿Cómo y en qué condiciones se mantiene viva esta clase de leyendas? ¿Cómo nos ayudan estas leyendas a comprender mejor otra cultura?

---

[30] with an incredible jump for one of his small stature

[31] was so horrible

[32] shrouded that sepulchral corpse, already turned to stone

3. Muchos chicos se imaginan la existencia de monstruos. ¿Necesitan las personas mayores los monstruos también? ¿Para qué sirven?

PERSPECTIVAS LITERARIAS

1. ¿Son algunos de los personajes demasiado crédulos? ¿Cómo presenta el narrador el escepticismo racional en medio del miedo y la superstición? ¿Para qué sirve este elemento en el cuento?

2. ¿Qué ventajas hay en contar un cuento dentro de otro cuento? ¿Los cuentos acerca de lo que pasó en tiempos remotos o en lugares lejanos tienen un prestigio especial? ¿En qué consiste?

3. ¿Por qué tenía la madre la caja grande en su casa? ¿En qué piensa el lector cuando la madre quiere que su hijo duerma en ella? ¿Qué pasa en términos psicológicos?

JULIO CORTÁZAR

(1914–1984)

El escritor argentino Cortázar vivió largos años en París, donde produjo gran parte de su obra. Aunque alcanzó fama y popularidad por sus novelas, sobre todo *Rayuela* (1963), el cuento corto fue el género predilecto de su juventud. Entre los aficionados al cine muchos admiran la película «*Blow-Up*», basada en su cuento «Las babas del diablo». Como la de otros escritores contemporáneos, su obra se caracteriza por la preocupación con los temas de la alienación y la soledad. Y le fascinan desde temprano el papel de lo irracional en la experiencia humana y la cuestión de la liberación del ser humano de las estructuras rígidas y rutinarias con las cuales suele pensar y concebir su mundo. Sin embargo, a lo largo de su vida Cortázar insistió en que no tenía ningún mensaje específico que comunicarles a sus lectores.

«La puerta condenada» exige a los lectores una participación activa para encontrar el sentido de la experiencia de Petrone durante unos días en Montevideo. Y cuando el lector se crea más «seguro» de su interpretación, puede estar seguro de que vendrá otro a proponer otra explicación igualmente «brillante». El hecho de que la acción transcurra en el «Hotel Cervantes» nos recuerda al protagonista de la gran novela cervantina, don Quijote. Este personaje, a su manera, también estaba obsesionado con imponer orden en el caos de su mundo. Además, la nefasta réplica de la estatua de la Venus de Milo en la recepción puede recordarnos que aquí están presentes las fuerzas del instinto. La líbido influye poderosamente en la conducta de don Quijote, y también parece influir en la de Petrone. En cambio, debemos recordar que Petrone no es ningún héroe quijotesco, sino un hombre de negocios de vida bastante rutinaria. Siempre está ordenando sus papeles,

145

planeando sus actividades, ocupando su tiempo con explicaciones de detalles que ni merecen la atención. Pero hay otros aspectos de la vida, aspectos desconocidos de él, que parecen salir a su encuentro cuando él está a solas en un cuarto silencioso. Si el nombre del hotel y la estatua son simbólicos, también puede ser símbolo «la puerta condenada».

Lecturas recomendadas: «Axolotl» y «Continuidad de los parques», cuentos.

CUESTIONARIO

1. ¿Por qué le gustó a Petrone el Hotel Cervantes?

2. ¿De dónde es Petrone? ¿Dónde está el hotel? ¿Por qué está Petrone allí?

3. ¿Qué características tiene el hotel? ¿y la habitación de Petrone?

4. ¿Qué se sabe acerca de la inquilina de la habitación de al lado?

5. ¿Qué opina Petrone de los uruguayos?

6. ¿Cómo pasa su primer día Petrone?

7. Al despertarse, ¿qué impresiones o recuerdos tiene Petrone de su primera noche en el hotel?

8. Al salir por la mañana, ¿qué nota Petrone?

9. Describa el segundo día que pasa en Montevideo.

10. ¿Qué asociaciones de ideas se le ocurren a Petrone al ver por primera vez la puerta condenada?

11. ¿Qué le pasa a Petrone durante la segunda noche en el hotel?

12. ¿Por qué se siente satisfecho al oír el llanto?

13. ¿Qué explicación le dan a Petrone acerca de lo que oye?

14. ¿Cómo influyen las reacciones del gerente en lo que piensa y en lo que hace Petrone?

15. ¿Cómo fue el tercer día en Montevideo?

16. ¿Cómo cambia el ambiente del hotel?

17. ¿Es la tercera noche distinta a las anteriores?

18. Describa las acciones de Petrone después de correr a un lado el armario.

19. Explique cómo le inhibe a Petrone la actitud del gerente.

20. ¿Por qué se siente mareado Petrone al salir a la calle?

21. ¿Qué le impide a Petrone pedirle perdón a la señora?

22. ¿Cómo pasa Petrone la última noche en el hotel?

23. ¿En qué sentido habría tenido razón la señora?

LA PUERTA CONDENADA

A Petrone le gustó el hotel Cervantes por razones que hubieran desagradado a otros. Era un hotel sombrío, tranquilo, casi desierto. Un conocido del momento se lo recomendó cuando cruzaba el río en el vapor de la carrera, diciéndole que estaba en la zona céntrica de Montevideo.[1] Petrone aceptó una habitación con baño en el segundo piso, que daba directamente a la sala de recepción. Por el tablero de llaves[2] en la portería supo que había poca gente en el hotel; las llaves estaban unidas a unos pesados discos de bronce con el número de la habitación, inocente recurso de la gerencia para impedir que los clientes se las echaran al bolsillo.

El ascensor dejaba[3] frente a la recepción, donde había un mostrador con los diarios del día y el tablero telefónico. Le bastaba caminar unos metros[4] para llegar a la habitación. El agua salía hirviendo, y eso compensaba la falta de sol y de aire. En la habitación había una pequeña ventana que daba a la azotea del cine contiguo; a veces una paloma se paseaba por ahí. El cuarto de baño tenía una ventana más grande, que se abría tristemente a un muro y a un lejano pedazo de cielo, casi inútil. Los muebles eran buenos, había cajones y estantes de sobra. Y muchas perchas, cosa rara.

El gerente resultó ser un hombre alto y flaco, completamente calvo. Usaba anteojos con armazón de oro y hablaba con la voz fuerte y sonora de los uruguayos. Le dijo a Petrone que el segundo piso era muy tranquilo, y que en la única habitación con-

---

[1] Capital of Uruguay, like Buenos Aires located on the Río de la Plata
[2] panel on which keys are hung
[3] let people off, stopped
[4] He had to walk only a few meters

148

tigua a la suya vivía una señora sola, empleada en alguna parte, que volvía al hotel a la caída de la noche. Petrone la encontró al día siguiente en el ascensor. Se dio cuenta de que era ella por el número de la llave que tenía en la palma de la mano, como si ofreciera una enorme moneda de oro. El portero tomó la llave y la de Petrone para colgarlas en el tablero, y se quedó hablando con la mujer sobre unas cartas. Petrone tuvo tiempo de ver que era todavía joven, insignificante, y que se vestía mal como todas las orientales.[5]

El contrato con los fabricantes de mosaicos llevaría más o menos una semana. Por la tarde Petrone acomodó la ropa en el armario, ordenó sus papeles en la mesa, y después de bañarse salió a recorrer el centro mientras se hacía hora de ir al escritorio de los socios. El día se pasó en conversaciones, cortadas por un copetín en Pocitos y una cena en casa del socio principal. Cuando lo dejaron en el hotel era más de la una.[6] Cansado, se acostó y se durmió en seguida. Al despertarse eran casi las nueve, y en esos primeros minutos en que todavía quedan las sobras de la noche y del sueño, pensó que en algún momento lo había fastidiado el llanto de una criatura.

Antes de salir charló con el empleado que atendía la recepción y que hablaba con acento alemán. Mientras se informaba sobre líneas de ómnibus y nombres de calles, miraba distraído la gran sala en cuyo extremo estaban las puertas de su habitación y la de la señora sola. Entre las dos puertas había un pedestal con una nefasta réplica de la Venus de Milo.[7] Otra puerta, en la pared lateral, daba a una salita con los infaltables sillones y revistas. Cuando el empleado y Petrone callaban, el silencio del hotel parecía coagularse, caer como ceniza sobre los muebles y las baldosas. El ascensor resultaba casi estrepitoso, y lo mismo el ruido de las hojas de un diario o el raspar de un fósforo.[8]

Las conferencias terminaron al caer la noche y Petrone dio una vuelta por el 18 de Julio antes de entrar a cenar en uno de los bodegones de la Plaza Independencia. Todo iba bien, y quizá

[5] Persons from the eastern bank of the Río de la Plata: Uruguayans
[6] it was after 1:00 A.M.
[7] A well-known statue of the Greek goddess of love, Aphrodite, from the 4th century B.C.; found on the Aegean island of Milo
[8] the striking of a match

pudiera volverse a Buenos Aires antes de lo que pensaba. Compró un diario argentino, un atado de cigarrillos negros, y caminó despacio hasta el hotel. En el cine de al lado daban dos películas que ya había visto, y en realidad no tenía ganas de ir a ninguna parte. El gerente lo saludó al pasar y le preguntó si necesitaba más ropa de cama. Charlaron un momento, fumando un pitillo, y se despidieron.

Antes de acostarse Petrone puso en orden los papeles que había usado durante el día, y leyó el diario sin mucho interés. El silencio del hotel era casi excesivo, y el ruido de uno que otro tranvía[9] que bajaba por la calle Soriano no hacía más que pausarlo, fortalecerlo para un nuevo intervalo. Sin inquietud pero con alguna impaciencia, tiró el diario al canasto y se desvistió mientras se miraba distraído en el espejo del armario. Era un armario ya viejo, y lo habían adosado a una puerta que daba a la habitación contigua. A Petrone le sorprendió descubrir la puerta que se le había escapado en su primera inspección del cuarto. Al principio había supuesto que el edificio estaba destinado a hotel, pero ahora se daba cuenta de que pasaba lo que en tantos hoteles modestos, instalados en antiguas casas de escritorio o de familia. Pensándolo bien,[10] en casi todos los hoteles que había conocido en su vida—y eran muchos—las habitaciones tenían alguna puerta condenada, a veces a la vista pero casi siempre con un ropero, una mesa o un perchero delante, que como en este caso les daba una cierta ambigüedad, un avergonzado deseo de disimular su existencia como una mujer que cree taparse poniéndose las manos en el vientre o los senos. La puerta estaba ahí, de todos modos, sobresaliendo del nivel del armario. Alguna vez la gente había entrado y salido por ella, golpeándola, entornándola, dándole una vida que todavía estaba presente en su madera tan distinta de las paredes. Petrone imaginó que del otro lado habría también un ropero y que la señora de la habitación pensaría lo mismo de la puerta.

No estaba cansado pero se durmió con gusto. Llevaría tres o cuatro horas[11] cuando lo despertó una sensación de incomodidad, como si algo ya hubiera ocurrido, algo molesto e irritante. Encendió el velador, vio que eran las dos y media, y apagó otra vez. Entonces oyó en la pieza de al lado el llanto de un niño.

---

[9] the noise of a few streetcars
[10] On second thought
[11] He had probably been sleeping three or four hours

En el primer momento no se dio bien cuenta. Su primer movimiento fue de satisfacción; entonces era cierto que la noche antes un chico no lo había dejado descansar. Todo explicado,[12] era más fácil volver a dormirse. Pero después pensó en lo otro y se sentó lentamente en la cama, sin encender la luz, escuchando. No se engañaba, el llanto venía de la pieza de al lado. El sonido se oía a través de la puerta condenada, se localizaba en ese sector de la habitación al que correspondían los pies de la cama.[13] Pero no podía ser que en la pieza de al lado hubiera un niño; el gerente había dicho claramente que la señora vivía sola, que pasaba casi todo el día en su empleo. Por un segundo se le ocurrió a Petrone que tal vez esa noche estuviera cuidando al niño de alguna parienta o amiga. Pensó en la noche anterior. Ahora estaba seguro de que ya había oído el llanto, porque no era un llanto fácil de confundir, más bien una serie irregular de gemidos muy débiles, de hipos quejosos seguidos de un lloriqueo momentáneo, todo ello inconsistente, mínimo como si el niño estuviera muy enfermo. Debía ser una criatura de pocos meses aunque no llorara con la estridencia y los repentinos cloqueos y ahogos de un recién nacido. Petrone imaginó a un niño—un varón, no sabía por qué—débil y enfermo, de cara consumida y movimientos apagados. Eso[14] se quejaba en la noche, llorando pudoroso, sin llamar demasiado la atención. De no estar allí la puerta condenada[15] el llanto no hubiera vencido las fuertes espaldas de la pared, nadie hubiera sabido que en la pieza de al lado estaba llorando un niño.

Por la mañana Petrone lo pensó un rato mientras tomaba el desayuno y fumaba un cigarrillo. Dormir mal no le convenía para su trabajo del día. Dos veces se había despertado en plena noche,[16] y las dos veces a causa del llanto. La segunda vez fue peor, porque a más del llanto[17] se oía la voz de la mujer que trataba de calmar al niño. La voz era muy baja pero tenía un tono ansioso que le daba una calidad teatral, un susurro que atravesaba la puerta con tanta fuerza como si hablara a gritos. El niño cedía por momentos al arrullo, a las instancias; después volvía a empezar con un leve quejido, entrecortado, una inconsolable congoja. Y de nuevo la mujer murmuraba palabras incomprensibles, el encanta-

---

[12] With that all cleared up
[13] the foot of the bed
[14] That (Such a one as that)

[15] If the closed-off door were not there
[16] in the middle of the night
[17] because in addition to the crying

miento de la madre para acallar al hijo atormentado por su cuerpo o su alma,[18] por estar vivo o amenazado de muerte.

«Todo es muy bonito, pero el gerente me macaneó», pensaba Petrone al salir de su cuarto. Lo fastidiaba la mentira y no lo disimuló. El gerente se quedó mirándolo.

—¿Un chico? Usted se habrá confundido. No hay chicos pequeños en este piso. Al lado de su pieza vive una señora sola, creo que ya se lo dije.

Petrone vaciló antes de hablar. O el otro mentía estúpidamente, o la acústica del hotel le jugaba una mala pasada. El gerente lo estaba mirando un poco de soslayo, como si a su vez lo irritara la protesta. «A lo mejor me cree tímido y que ando buscando un pretexto para mandarme mudar», pensó. Era difícil, vagamente absurdo insistir frente a una negativa tan rotunda.[19] Se encogió de hombros y pidió el diario.

—Habré soñado—dijo, molesto por tener que decir eso o cualquier otra cosa.

El cabaret era de un aburrimiento mortal y sus dos anfitriones no parecían demasiado entusiastas, de modo que a Petrone le resultó fácil alegar el cansancio del día y hacerse llevar al hotel. Quedaron en[20] firmar los contratos al otro día por la tarde; el negocio estaba prácticamente terminado.

El silencio en la recepción del hotel era tan grande que Petrone se descubrió a sí mismo andando de puntillas. Le habían dejado un diario de la tarde al lado de la cama; había también una carta de Buenos Aires. Reconoció la letra de su mujer.

Antes de acostarse estuvo mirando el armario y la parte sobresaliente de la puerta. Tal vez si pusiera sus dos valijas sobre el armario, bloqueando la puerta, los ruidos de la pieza de al lado disminuirían. Como siempre a esa hora, no se oía nada. El hotel dormía, las cosas y las gentes dormían. Pero a Petrone, ya malhumorado, se le ocurrió que era al revés y que todo estaba despierto, anhelosamente despierto en el centro del silencio. Su ansiedad

---

[18] the child tortured in body or soul   [20] They agreed to
[19] such a flat denial

inconfesada debía estarse comunicando a la casa, a las gentes de la casa, prestándoles una calidad de acecho, de vigilancia agazapada. Montones de pavadas.

Casi no lo tomó en serio cuando el llanto del niño lo trajo de vuelta[21] a las tres de la mañana. Sentándose en la cama se preguntó si lo mejor sería llamar al sereno para tener un testigo de que en esa pieza no se podía dormir. El niño lloraba tan débilmente que por momentos no se le escuchaba, aunque Petrone sentía que el llanto estaba ahí, continuo, y que no tardaría en crecer otra vez. Pasaban diez o veinte lentísimos segundos; entonces llegaba un hipo breve, un quejido apenas perceptible que se prolongaba dulcemente hasta quebrarse en el verdadero llanto.

Encendiendo un cigarrillo, se preguntó si no debería dar unos golpes discretos en la pared para que la mujer hiciera callar al chico. Recién cuando los pensó a los dos,[22] a la mujer y al chico, se dio cuenta de que no creía en ellos, de que absurdamente no creía que el gerente le hubiera mentido. Ahora se oía la voz de la mujer, tapando por completo el llanto del niño con su arrebatado— aunque tan discreto—consuelo. La mujer estaba arrullando al niño, consolándolo, y Petrone se la imaginó sentada al pie de la cama, moviendo la cuna del niño o teniéndolo en brazos. Pero por más que lo quisiera[23] no conseguía imaginar al niño, como si la afirmación del hotelero fuese[24] más cierta que esa realidad que estaba escuchando. Poco a poco, a medida que pasaba el tiempo y los débiles quejidos se alternaban o crecían entre los murmullos de consuelo, Petrone empezó a sospechar que aquello era una farsa, un juego ridículo y monstruoso que no alcanzaba a explicarse.[25] Pensó en los viejos relatos de mujeres sin hijos, organizando en secreto un culto de muñecas, una inventada maternidad a escondidas, mil veces peor que los mimos a perros o gatos o sobrinos. La mujer estaba imitando el llanto de su hijo frustrado, consolando el aire entre sus manos vacías, tal vez con la cara mojada de lágrimas porque el llanto que fingía era a su vez su verdadero llanto, su grotesco dolor en la soledad de una pieza de hotel, protegida por la indiferencia y por la madrugada.

Encendiendo el velador, incapaz de volver a dormirse, Petrone

---

[21] woke him
[22] when he thought of the two of them
[23] But try as he might
[24] **fuera**
[25] that defied explanation

se preguntó qué iba a hacer. Su malhumor era maligno, se contagiaba de ese ambiente donde de repente todo se le antojaba trucado, hueco, falso: el silencio, el llanto, el arrullo, lo único real de esa hora entre noche y día y que lo engañaba con su mentira insoportable. Golpear en la pared le pareció demasiado poco.[26] No estaba completamente despierto aunque le hubiera sido imposible dormirse; sin saber bien cómo, se encontró moviendo poco a poco el armario hasta dejar al descubierto la puerta polvorienta y sucia. En piyama y descalzo, se pegó a ella como un ciempiés, y acercando la boca a las tablas de pino empezó a imitar en falsete, imperceptiblemente, un quejido como el que venía del otro lado. Subió de tono, gimió, sollozó. Del otro lado se hizo un silencio que habría de durar toda la noche; pero en el instante que lo precedió, Petrone pudo oír que la mujer corría por la habitación con un chicotear de pantuflas, lanzando un grito[27] seco e instantáneo, un comienzo de alarido que se cortó de golpe como una cuerda tensa.

Cuando pasó el mostrador de la gerencia eran más de las diez. Entre sueños,[28] después de las ocho, había oído la voz del empleado y la de una mujer. Alguien había andado en la pieza de al lado moviendo cosas. Vio un baúl y dos grandes valijas cerca del ascensor. El gerente tenía un aire que a Petrone se le antojó de desconcierto.

—¿Durmió bien anoche?—le preguntó con el tono profesional que apenas disimulaba la indiferencia.

Petrone se encogió de hombros. No quería insistir, cuando apenas le quedaba por pasar otra noche en el hotel.

—De todas maneras ahora va a estar más tranquilo—dijo el gerente, mirando las valijas. —La señora se nos va a mediodía.

Esperaba un comentario, y Petrone lo ayudó con los ojos.

—Llevaba aquí mucho tiempo,[29] y se va así de golpe. Nunca se sabe con las mujeres.

No—dijo Petrone. —Nunca se sabe.

---

[26] insufficient
[27] giving out a shriek
[28] While sleeping

[29] She had been living here for a long time

En la calle se sintió mareado, con un mareo que no era físico. Tragando un café amargo empezó a darle vueltas al asunto,[30] olvidándose del negocio, indiferente al espléndido sol. Él tenía la culpa de que esa mujer se fuera del hotel, enloquecida de miedo, de vergüenza o de rabia. *Llevaba aquí mucho tiempo...* Era una enferma, tal vez, pero inofensiva. No era ella sino él quien hubiera debido irse del Cervantes. Tenía el deber de hablarle, de excusarse y pedirle que se quedara, jurándole discreción. Dio unos pasos de vuelta y a la mitad del camino se paró.[31] Tenía miedo de hacer un papelón,[32] de que la mujer reaccionara de una manera insospechada. Ya era hora de encontrarse con los dos socios y no quería tenerlos esperando.[33] Bueno, que se embromara. No era más que una histérica, ya encontraría otro hotel donde cuidar a su hijo imaginario.

Pero a la noche volvió a sentirse mal, y el silencio de la habitación le pareció todavía más espeso. Al entrar al hotel no había podido dejar de ver el tablero de las llaves, donde faltaba ya la de la pieza de al lado. Cambió unas palabras con el empleado, que esperaba bostezando la hora de irse, y entró en su pieza con poca esperanza de poder dormir. Tenía los diarios de la tarde y una novela policial.[34] Se entretuvo arreglando sus valijas, ordenando sus papeles. Hacía calor, y abrió de par en par[35] la pequeña ventana. La cama estaba bien tendida,[36] pero la encontró incómoda y dura. Por fin tenía todo el silencio necesario para dormir a pierna suelta,[37] y le pesaba. Dando vueltas y vueltas, se sintió como vencido por ese silencio que había reclamado con astucia y que le devolvían entero y vengativo. Irónicamente pensó que extrañaba el llanto del niño, que esa calma perfecta no le bastaba para dormir y todavía menos para estar despierto. Extrañaba el llanto del niño, y cuando mucho más tarde lo oyó, débil, pero inconfundible a través de la puerta condenada, por encima del miedo, por encima de la fuga en plena

---

[30] he began to go over the matter (in his mind)
[31] He walked back a short distance and, halfway there, he stopped.
[32] playing a ridiculous role
[33] make them wait
[34] a detective novel
[35] he opened wide
[36] The bed was made up well
[37] soundly

noche supo que estaba bien y que la mujer no había mentido, no se había mentido al arrullar al niño, al querer que el niño callara para que ellos pudieran dormirse.[38]

=========== LA VIVENCIA ===========

1. ¿Qué aspectos de la experiencia de Petrone en el Hotel Cervantes son «reales»? O mejor dicho, ¿en qué consiste la realidad que él percibe? ¿Convence la conclusión de que «la mujer no había mentido»? ¿Por qué?

2. ¿Por qué está Petrone tan preocupado por lo que puedan pensar de él el gerente y los otros? ¿Es esta preocupación «prueba» de que está loco, o indicio de que no lo está?

=========== PERSPECTIVAS LITERARIAS ===========

1. Explique el simbolismo de la puerta condenada. ¿Qué otros símbolos hay en el cuento? ¿Por qué es la puerta el símbolo principal?

2. La caracterización depende de un narrador que parece ver y entender todo lo que está pasando dentro de la cabeza de Petrone. Pero a los otros personajes sólo los conocemos a través de las impresiones de Petrone y lo pensado por él. Esta presentación parcial de los otros personajes, ¿distorsiona la «realidad»? ¿Por qué razones habría elegido Cortázar esta perspectiva?

3. ¿En qué medida son el silencio y lo desconocido elementos imprescindibles del misterio?

---

[38] she had not been wrong when she lulled the baby to sleep, when she wanted the child to quiet down so they could sleep

JULIO CORTÁZAR*

(1914–1984)

«La caricia más profunda» ofrece un punto de vista humorístico sobre un problema psicológico serio. Cortázar habrá elegido el título del cuento con el propósito de jugar con sus lectores, para quienes el sentido exacto del adjetivo *profundo* puede ser motivo de perplejidad hasta la última página. Su ingenio o sentido de humor le permite al autor emplear el adjetivo para aludir al hecho de que *desde bajo la tierra* (es decir, desde lo profundo) el personaje acaricia la suela del zapato de su novia. Este humor se extiende a la representación del síndrome psicológico que afecta al personaje. La depresión psicológica puede verse en su falta de autoestima, su creencia de que no le aprecian sus hermanas ni sus padres, su tendencia a guardar cama, dormir y evitar contacto social. Además, la depresión puede estar combinada con la alucinación, ofreciendo semejanzas con la esquizofrenia. Desde dentro, el personaje está convencido de que su alucinación es real ...aunque al mismo tiempo se da cuenta de que su punto de vista no está compartido por otros. «La caricia más profunda» trata literalmente de un hombre «deprimido». El personaje cree que poco a poco se está hundiendo bajo la tierra a medida que se desarrollan los síntomas de su enfermedad. Al final, su enfermedad le ha cortado todo contacto con los demás.

Aunque para la víctima de tales alucionaciones la situación es desesperante, para el lector la alteración de las relaciones que

---

* For a general introduction to the life and writings of Cortázar, see **"La puerta condenada."**

guarda el personaje con el mundo exterior ofrece unas perspectivas inusitadas y hasta entretenidas sobre la realidad. Para que podamos compartir este raro mundo, Cortázar nos limita la perspectiva: nos ayuda a entrar de lleno en la consciencia del personaje. El lector se identifica con el personaje. Muchos detalles de la progresiva locura interesan—y otros sorprenden. Pero al mismo tiempo algunos no dejan lugar a dudas con respecto a la locura del personaje. Tal vez sean éstos los que nos ayudan a *no* perder el equilibrio y a no hundirnos con el personaje. Pero en el silencio del final no estamos del todo seguros.

CUESTIONARIO

1. ¿Qué le extraña cada vez más al personaje?

2. ¿Qué dilema tiene?

3. ¿En qué sentido es monótono lo que está pasando?

4. ¿Cuándo y cómo se fija en su problema por primera vez?

5. ¿Por qué no habla del problema con nadie?

6. ¿Cómo se va adaptando el personaje a los cambios en su vida?

7. Describa cómo cambian las relaciones con su novia.

8. ¿Cómo se alteran las relaciones con los miembros de su familia? ¿Por qué teme que sus hermanas se den cuenta del cambio?

9. Describa el examen médico. ¿Qué receta el médico?

10. ¿Cómo se adapta el personaje en la oficina?

11. ¿Cómo cambió la situación una mañana?

12. ¿Qué creen los otros de la grave situación del personaje?

13. ¿Qué soluciones inventa para que su novia no se fije en su problema?

14. ¿Por qué guarda cama por una semana? ¿Qué es lo importante que logra durante esta semana?

15. ¿Cómo resuelve sus problemas prácticos durante esta semana?

16. ¿Qué solución se imagina para su problema?

17. ¿Cómo lo afecta la pesadilla que tiene una noche?

18. ¿Por qué se levanta, por fin?

19. Cuando se levanta, ¿qué ve de cerca? ¿Cómo logra afeitarse y cepillarse los dientes?

20. Describa cómo se porta el personaje en el comedor con su familia.

21. ¿Por qué no logra salir de su casa? ¿Cómo pasa el día?

22. ¿Cómo logra llegar a la esquina donde lo espera su novia?

23. Cuando ve a su novia, ¿cómo puede reconocerla?

24. ¿Por qué no le contesta su novia?

25. ¿Desde dónde acaricia el zapato de su novia?

LA CARICIA MÁS PROFUNDA

En su casa no le decían nada, pero cada vez le extrañaba más que no se hubiesen[1] dado cuenta. Al principio podía pasar inadvertido y él mismo pensaba que la alucinación o lo que fuera[2] no iba a durar mucho; pero ahora que ya caminaba medio metido en la tierra hasta los codos[3] no podía ser que sus padres y sus hermanas no lo vieran y tomaran alguna decisión. Cierto que hasta entonces no había tenido la menor dificultad para moverse, y aunque eso parecía lo más extraño de todo, en el fondo lo que a él lo dejaba pensativo era que sus padres y sus hermanas no se dieran cuenta de que andaba por todos lados metido hasta los codos en la tierra.

Monótono que, como casi siempre, las cosas sucedieran progresivamente, de menos a más.[4] Un día había tenido la impresión de que al cruzar el patio iba llevándose algo por delante,[5] muy suavemente, como quien empuja unos algodones. Al mirar con atención descubrió que los cordones de los zapatos sobresalían apenas del nivel de las baldosas.[6] Se quedó tan asombrado que no pudo ni hablar ni decírselo a nadie, temeroso de hundirse bruscamente del todo, preguntándose si a lo mejor el patio se habría ablandado[7] a fuerza de lavarlo, porque su madre lo lavaba todas las mañanas y a veces hasta por la tarde. Después se animó a sacar un pie y a dar cautelosamente un paso; todo anduvo bien, salvo que el zapato

---

[1] **hubieran**
[2] or whatever it was
[3] but now that he walked along half buried in the ground up to his elbows

[4] Though monotonously, as almost always, things had happened progressively, (going) from less to more.
[5] he was pushing something along
[6] paving tiles
[7] wondering whether perhaps the patio (floor) had become soft

160

volvió a meterse en las baldosas hasta el moño de los cordones.[8]
Dio varios pasos más y al final se encogió de hombros y fue hasta
la esquina a comprar *La Razón* porque quería leer la crónica de una
película.

En general, evitaba la exageración, y quizás al final hubiera
podido acostumbrarse a caminar así, pero unos días después dejó
de ver los cordones de los zapatos, y un domingo ni siquiera
descubrió la botamanga de los pantalones.[9] A partir de entonces,[10]
la única manera de cambiarse de zapatos y de medias consistió en
sentarse en una silla y levantar la pierna hasta apoyar el pie en
otra silla o en el borde de la cama. Así conseguía lavarse y cambiarse, pero apenas se movía de pie volvía a enterrarse hasta los
tobillos y de esta manera andaba por todas partes, incluso en las
escaleras de la oficina y los andenes de la estación Retiro.[11] Ya en
esos primeros tiempos no se animaba a preguntarle a su familia, y
ni siquiera a un desconocido de la calle, si le notaban alguna cosa
rara; a nadie le gusta que lo miren furtivamente y después piensen
que está loco. Parecía obvio que sólo él notaba cómo se iba hundiendo cada vez más, pero lo insoportable (y por eso mismo[12] lo
más difícil de decirle a otro) era admitir que hubiera más testigos
de esa lenta sumersión. Las primeras horas en que había podido
analizar despacio lo que le estaba sucediendo, a salvo en su cama,
las dedicó a asombrarse de esa inconcebible alienación frente a su
madre, su novia y sus hermanas. Su novia, por ejemplo, ¿cómo no
se daba cuenta por la presión de su mano en el codo que él tenía
varios centímetros menos de estatura?[13] Ahora estaba obligado a
empinarse para besarla cuando se despedían en una esquina, y en
ese momento en que sus pies se enderezaban sentía palpablemente
que se hundía un poco más, que resbalaba más fácilmente hacia lo
hondo,[14] y por eso la besaba lo menos posible y se despedía con
una frase amable y liviana que la desconcertaba un poco; acabó por
admitir que su novia debía ser muy tonta para no quedarse de una
pieza[15] y protestar por ese frívolo tratamiento. En cuanto a sus

---

[8] right up to the top knot of his
shoelaces
[9] the cuffs of his trousers
[10] From then on
[11] even on the office stairways and the
platforms of the Retiro station

[12] for that very reason
[13] how did she not notice from the pressure of his hand on her elbow that he
was several centimeters shorter
[14] toward the depths
[15] for not being dumbfounded

hermanas, que nunca lo habían querido, tenían una oportunidad única para humillarlo ahora que apenas les llegaba al hombro, y sin embargo seguían tratándolo con esa irónica amabilidad que siempre habían creído tan espiritual.[16] Nunca pensó demasiado en la ceguera de sus padres porque de alguna manera siempre habían estado ciegos para con sus hijos, pero el resto de la familia, los colegas, Buenos Aires, seguían ahí y lo veían. Pensó lógicamente que todo era ilógico, y la consecuencia rigurosa fue una chapa de bronce[17] en la calle Serrano y un médico que le examinó las piernas y la lengua, lo xilofonó con su martillito de goma[18] y le hizo una broma sobre unos pelos que tenía en la espalda. En la camilla todo era normal, pero el problema recomenzaba al bajarse; se lo dijo, se lo repitió. Como si condescendiera, el médico se agachó para palparle los tobillos bajo tierra; el piso de parquet debía ser transparente e intangible para él porque no sólo le exploró los tendones y las articulaciones sino que hasta le hizo cosquillas en el empeine. Le pidió que se acostara otra vez en la camilla y le auscultó el corazón y los pulmones; era un médico caro y desde luego empleó concienzudamente una buena media hora antes de darle una receta con calmantes y el consabido consejo de cambiar de aire por un tiempo.[19] También le cambió un billete de diez mil pesos por seis de mil.

Después de cosas así no le quedaba otro camino que seguir aguantándose, ir al trabajo todas las mañanas y empinarse desesperadamente para alcanzar los labios de su novia y el sombrero en la percha de la oficina. Dos semanas más tarde ya estaba metido en la tierra hasta las rodillas, y una mañana, al bajarse de la cama, sintió de nuevo como si estuviera empujando suavemente unos algodones, pero ahora los empujaba con las manos y se dio cuenta de que la tierra le llegaba hasta la mitad de los muslos. Ni siquiera entonces pudo notar nada raro en la cara de sus padres o de sus hermanas, aunque hacía tiempo que los observaba para sorprenderlos en plena hipocresía.[20] Una vez le había parecido que una de sus hermanas se agachaba un poco para devolverle el frío beso en

---

[16] A Gallicism: witty, ingenious

[17] and the logical outcome was a bronze name plate (with the physician's name)

[18] who played xylophone on him with a little rubber hammer

[19] to try another environment for a while

[20] in the midst of their hypocrisy

la mejilla que cambiaban al levantarse, y sospechó que habían descubierto la verdad y que disimulaban. No era así; tuvo que seguir empinándose cada vez más hasta el día en que la tierra le llegó a las rodillas, y entonces dijo algo sobre la tontería de esos saludos bucales que no pasaban de reminiscencias de salvajes,[21] y se limitó a los buenos días acompañados de una sonrisa. Con su novia hizo algo peor, consiguió arrastrarla a un hotel y allí, después de ganar en veinte minutos una batalla contra dos mil años de virtud, la besó interminablemente hasta el momento de volver a vestirse; la fórmula era perfecta y ella no pareció reparar en que él se mantenía distante en los intervalos. Renunció al sombrero para no tener que colgarlo en la percha de la oficina; fue hallando una solución para cada problema, modificándolas a medida que seguía hundiéndose en la tierra, pero cuando le llegó a los codos sintió que había agotado sus recursos y que de alguna manera sería necesario pedir auxilio a alguien.

Llevaba ya una semana en cama fingiendo una gripe;[22] había conseguido que su madre se ocupara todo el tiempo de él y que sus hermanas le instalaran el televisor a los pies de la cama. El cuarto de baño estaba al lado, pero por las dudas sólo se levantaba cuando no había nadie cerca; después de esos días en que la cama, balsa de náufragos,[23] lo mantenía enteramente a flote, le hubiera resultado más inconcebible que nunca ver entrar a su padre y que no se diera cuenta de que apenas le asomaba el tronco del piso y que para llegar al vaso donde se ponían los cepillos de los dientes tenía que encaramarse al bidé o al inodoro. Por eso se quedaba en cama cuando sabía que iba a entrar alguien, y desde ahí telefoneaba a su novia para tranquilizarla. Imaginaba de a ratos,[24] como en una ilusión infantil, un sistema de camas comunicantes[25] que le permitieran pasar de la suya a esa otra donde lo esperaría su novia, y de ahí a una cama en la oficina y otra en el cine y en el café, un puente de camas por encima de la tierra de Buenos Aires. Nunca se hundiría del todo en esa tierra mientras con ayuda de las manos pudiera treparse a una cama y simular una bronquitis.

---

[21] the nonsense of those greetings involving the cheeks and mouth that were only reminders of (customs of) savages

[22] He had already been in bed for a week pretending to have a flu
[23] raft for the shipwrecked
[24] from time to time
[25] interconnecting beds

Esa noche tuvo una pesadilla y se despertó gritando con la boca llena de tierra; no era tierra, apenas saliva y mal gusto y espanto. En la oscuridad pensó que si se quedaba en la cama podría seguir creyendo que eso no había sido más que una pesadilla, pero que bastaría ceder por un solo segundo a la sospecha de que en plena noche[26] se había levantado para ir al baño y se había hundido hasta el cuello en el piso, para que ni siquiera la cama pudiera protegerlo de lo que iba a venir. Se convenció poco a poco de que había soñado porque en realidad era así, había soñado que se levantaba en la oscuridad, y sin embargo cuando tuvo que ir al baño esperó estar solo y se pasó a una silla,[27] de la silla a un taburete, desde el taburete adelantó la silla, y así alternando llegó al baño y se volvió a la cama; daba por supuesto que[28] cuando se olvidara de la pesadilla podría levantarse otra vez, y que hundirse tan sólo hasta la cintura sería casi agradable por comparación con lo que acababa de soñar.

Al día siguiente se vio obligado a hacer la prueba[29] porque no podía seguir faltando a la oficina. Desde luego el sueño había sido una exageración puesto que en ningún momento le entró tierra en la boca, el contacto no pasaba de la misma sensación algodonosa del comienzo y el único cambio importante lo percibían sus ojos casi al nivel del piso: descubrió a muy corta distancia una escupidera, sus zapatillas rojas y una pequeña cucaracha que lo observaba con una atención que jamás le habían dedicado sus hermanas y su novia. Lavarse los dientes, afeitarse, fueron operaciones arduas porque el solo hecho de alcanzar el borde del bidé y trepar a fuerza de brazos lo dejó extenuado. En su casa el desayuno se tomaba colectivamente, pero por suerte su silla tenía dos barrotes que le sirvieron de apoyo para encaramarse[30] lo más rápidamente posible. Sus hermanas leían Clarín con la atención propia de todo lector de tan patriótico matutino,[31] pero su madre lo miró un momento y lo encontró un poco pálido por los días de cama y la falta de aire puro. Su padre le dijo que era la misma de siempre y que lo echaba a perder con sus mimos;[32] todo el mundo estaba de

---

[26] in the middle of the night
[27] and he moved over to a chair
[28] he took for granted that
[29] to make the test
[30] that provided him support to climb up
[31] morning newspaper
[32] that she was the same as ever, and was spoiling him

buen humor porque el nuevo gobierno que tenían ese mes había anunciado aumentos de sueldos y reajustes de las jubilaciones. «Cómprate un traje nuevo—le aconsejó la madre, —total podés renovar el crédito ahora que van a aumentar los sueldos.»[33] Sus hermanas ya habían decidido cambiar la heladora y el televisor; se fijó en que había dos mermeladas diferentes en la mesa. Se iba distrayendo con esas noticias y esas observaciones, y cuando todos se levantaron para ir a sus empleos él estaba todavía en la etapa anterior a la pesadilla, acostumbrado a hundirse solamente hasta la cintura; de golpe vio muy cerca los zapatos de su padre que pasaban rozándole la cabeza y salían al patio. Se refugió debajo de la mesa para evitar las sandalias de una de sus hermanas que levantaba el mantel,[34] y trató de serenarse. «¿Se te cayó algo?», le preguntó su madre. «Los cigarrillos», dijo él, alejándose lo más posible de las sandalias y las zapatillas que seguían dando vueltas alrededor de la mesa. En el patio había hormigas, hojas de malvón y un pedazo de vidrio que estuvo a punto de cortarle la mejilla; se volvió rápidamente a su cuarto y se trepó a la cama justo cuando sonaba el teléfono. Era su novia que preguntaba si seguía bien y si se encontrarían esa tarde. Estaba tan perturbado que no pudo ordenar sus ideas a tiempo y cuando acordó[35] ya se había citado a las seis en la esquina de siempre, para ir al cine o al hotel según les pareciera en el momento.[36] Se tapó la cabeza con la almohada y se durmió; ni siquiera él se escuchó llorar en sueños.

A las seis menos cuarto se vistió sentado al borde de la cama, y aprovechando que no había nadie a la vista cruzó el patio lo más lejos posible de donde dormía el gato. Cuando estuvo en la calle le costó hacerse a la idea[37] de que los innumerables pares de zapatos que le pasaban a la altura de los ojos no iban a golpearlo y a pisotearlo, puesto que para los dueños de estos zapatos él no parecía estar allí donde estaba; por eso las primeras cuadras fueron un zigzag permanente, un esquive de zapatos de mujer, los más peligrosos por las puntas y los tacos; después se dio cuenta de que

---

[33] **Vos** is used in place of **tú** in parts of Spanish America, including the River Plate region. Altered stress occurs on verb forms with **vos: comprate = cómprate; podés = puedes.**

[34] who was clearing the table

[35] and when he got things sorted out in his mind

[36] depending on what they felt like at the moment

[37] it took an effort to get used to the idea

podía caminar sin preocuparse tanto, y llegó a la esquina antes que su novia. Le dolía el cuello de tanto alzar la cabeza para distinguir algo más que los zapatos de los transeúntes, y al final el dolor se convirtió en un calambre tan agudo que tuvo que renunciar. Por suerte conocía bien los diferentes zapatos y sandalias de su novia, porque entre otras cosas la había ayudado muchas veces a quitárselos, de modo que cuando vio venir los zapatos verdes no tuvo más que sonreír y escuchar atentamente lo que fuera ella a decirle para responder a su vez con la mayor naturalidad posible. Pero su novia no decía nada esa tarde, cosa bien extraña en ella; los zapatos verdes se habían inmovilizado a medio metro de sus ojos y aunque no sabía por qué tuvo la impresión de que su novia estaba como esperando; en todo caso el zapato derecho se había movido un poco hacia adentro[38] mientras el otro sostenía el peso del cuerpo; después hubo un cambio, el zapato derecho se abrió hacia afuera[39] mientras el izquierdo se afirmaba en el suelo. «Qué calor ha hecho todo el día», dijo él para abrir la conversación. Su novia no le contestó y quizá por eso sólo en ese momento, mientras esperaba una respuesta trivial como su frase, se dio cuenta del silencio. Todo el bullicio de la calle, de los tacos golpeando en las baldosas hasta un segundo antes: de golpe nada. Se quedó esperando un poco y los zapatos verdes avanzaron levemente y volvieron a inmovilizarse; las suelas estaban ligeramente gastadas, su pobre novia tenía un empleo mal remunerado. Enternecido, queriendo hacer algo que le probara su cariño, rascó con dos dedos la suela más estropeada, la del zapato izquierdo; su novia no se movió, como si siguiera esperando absurdamente su llegada. Debía ser el silencio que le daba la impresión de estirar el tiempo, de volverlo interminable,[40] y a la vez el cansancio de sus ojos tan pegados a las cosas iba como alejando las imágenes. Con un dolor insoportable pudo todavía alzar la cabeza para buscar el rostro de su novia, pero sólo vio las suelas de los zapatos a tal distancia que ya ni siquiera se notaban las imperfecciones. Estiró un brazo y luego el otro, tratando de acariciar esas suelas que tanto decían de la existencia de su pobre novia; con la mano izquierda alcanzó a rozarlas; pero ya la derecha no llegaba, y después ninguna de las dos. Y ella, por supuesto, seguía esperando.

---

[38] a little inward
[39] moved outward

[40] of its becoming endless

LA VIVENCIA

1. ¿Cuáles son los síntomas de enfermedad mental en el personaje? ¿Cómo impiden su participación en la vida normal? ¿Cómo hubiera sido la «vida normal» del personaje?

2. ¿Es la vida social del personaje la causa de su problema? ¿Por qué no se fijan los otros en su problema? ¿Por qué evita él discutir su problema con otros? Explique el papel del médico.

3. ¿Es posible que este cuento trate de interpretar la vida urbana contemporánea en general? ¿Para quiénes sería el cuento? ¿Por qué les gustaría?

PERSPECTIVAS LITERARIAS

1. ¿En qué consiste el humor de Cortázar? ¿Hay pasajes que primero parecen «serios» y luego resultan humorísticos? Señale y analice unos pasajes que, en su opinión, son «característicos».

2. En este cuento Cortázar narra minuciosamente casi todo lo que su personaje ve y experimenta. ¿Logra que nos olvidemos de lo normal al principio? ¿y al fin? ¿Por qué no explica Cortázar el final?

3. El narrador es quien interpreta un cuento en el sentido de que este ser imaginario selecciona, organiza y presenta los «hechos». ¿Es posible imaginarnos quién es el narrador de este cuento? ¿Importa su profesión? ¿su clase social? ¿su conocimiento detallado de la vida del personaje?

HORACIO QUIROGA

(1878–1937)

Quiroga es considerado uno de los mejores cuentistas hispanoamericanos. Hijo de padre argentino, que servía de cónsul en Uruguay, vivió los veinte y dos primeros años en este país. Después de hacer un viaje a París fue a vivir a Buenos Aires, donde llevó una existencia literaria de bohemia. Pero el territorio argentino de Misiones, donde vivió y sirvió de cónsul, lo atrajo mucho. Su exhuberante naturaleza inspiró algunos de sus mejores cuentos acerca de la vida en las selvas. Además de ser temas importantes de sus cuentos, la locura y la muerte lo persiguieron a Quiroga en la vida personal: su padre murió accidentalmente, su mujer se suicidó y Quiroga mismo se suicidó tras un largo período de sufrimiento físico y mental. Como cuentista supo aprovechar las muchas innovaciones literarias del siglo pasado, entre las que es notable la preocupación por lo anormal, lo mórbido, lo fantástico y lo horrorífico (en que sobresalieron escritores como Poe, Dostoievski y Kipling, entre otros) para crear una obra personal y original.

«El solitario» reúne los temas del amor, de la locura y de la muerte, para crear una atmósfera cargada de suspenso y de emoción creciente. Al principio parece que se trata de un matrimonio con problemas domésticos; pero la obsesión de la mujer pronto llega a ocupar el primer plano. Con las protagonistas de algunas novelas del siglo XIX, como *Madama Bovary*, María cree que debe llevar una vida de persona privilegiada y que injustamente es víctima de la miseria de su marido. Este tema se combina con otros elementos, sobre todo la crueldad y el honor. Cuando María le llama «cornudo» a su marido, el lector se da cuenta de que el conflicto ha llegado a su colmo, que el desenlace tiene que ser sangriento. Al fin, el marido satisface los deseos insaciables de la mujer de un modo monstruoso en una escena de gran belleza visual.

Lecturas recomendadas: «La gallina degollada» y «El almohadón de plumas», de *Cuentos de amor de locura y de muerte*

CUESTIONARIO

1. ¿Cómo era Kassim?

2. ¿Cómo era su mujer?

3. ¿Qué hacía Kassim para satisfacer los deseos de su mujer? ¿Cómo reaccionaba ella frente a estos esfuerzos por complacerla?

4. Cuando, a pesar de sus esfuerzos, resultaba insatisfecha su mujer, ¿qué hacía Kassim?

5. ¿Cuál era la «pasión» de la mujer?

6. Explique lo que hacía María mientras Kassim montaba las piedras grandes.

7. ¿Qué puede pasar cuando la mujer franquea «cierto límite»?

8. ¿Qué pasó un día con el prendedor que Kassim había hecho?

9. ¿Qué conflicto surgió entre marido y mujer por el prendedor?

10. ¿Qué hizo María cuando a Kassim le entregaron el solitario magnífico que montar?

11. ¿Por qué María le acusó a su marido de ladrón?

12. ¿Qué significa el hecho de que María le llamara «cornudo»? ¿Por qué razón se llevó ella las manos a la garganta?

13. Durante la cena, ¿qué cree Ud. que pensó Kassim al oír lo que dijo su mujer?

14. ¿Qué características de Kassim repugnaban a María?

15. ¿Qué hacía María mientras Kassim trabajaba para acabar de montar el solitario?

16. ¿Qué hizo Kassim a las dos de la mañana?

17. Describa a María y la escena de la alcoba.

18. Al entrar por segunda vez en la alcoba, ¿qué hizo Kassim con el alfiler?

EL SOLITARIO

Kassim era un hombre enfermizo, joyero de profesión, bien que no tuviera tienda establecida. Trabajaba para las grandes casas, siendo su especialidad el montaje de piedras preciosas. Pocas manos como las suyas para engarces delicados. Con más arranque[1] y habilidad comercial, hubiera sido rico. Pero, a los treinta y cinco años proseguía en su pieza, aderezada en taller bajo la ventana.

Kassim, de cuerpo mezquino, rostro exangüe sombreado por rala barba negra, tenía una mujer hermosa y fuertemente apasionada. La joven, de origen callejero,[2] había aspirado con su hermosura a un más alto enlace. Esperó hasta los veinte años, provocando a los hombres y a sus vecinas con su cuerpo. Temerosa al fin, aceptó nerviosamente a Kassim.

No más sueños de lujo, sin embargo. Su marido, hábil—artista aun—carecía completamente de carácter para hacer una fortuna. Por lo cual,[3] mientras el joyero trabajaba doblado sobre sus pinzas, ella, de codos, sostenía sobre su marido una lenta y pesada mirada, para arrancarse luego bruscamente y seguir con la vista tras los vidrios al transeúnte de posición que podía haber sido su marido.

Cuanto ganaba Kassim, no obstante, era para ella. Los domingos trabajaba también a fin de poderle ofrecer un suplemento.[4] Cuando María deseaba una joya—¡y con cuánta pasión deseaba ella!—trabajaba de noche. Después había tos y puntadas al costado;[5] pero María tenía sus chispas de brillante. Poco a poco el trato diario con las gemas llegó a hacerle amar la tarea del artífice,

---

[1] With greater initiative
[2] of penniless beginnings
[3] Consequently

[4] in order to provide her with extras
[5] Afterward he'd cough and suffer pains in his side

y seguía con ardor las íntimas delicadezas del engarce.[6] Pero cuando la joya estaba concluida—debía partir, no era para ella— caía más hondamente en la decepción de su matrimonio. Se probaba la alhaja, deteniéndose ante el espejo. Al fin la dejaba por ahí, y se iba a su cuarto. Kassim se levantaba a oír sus sollozos, y la hallaba en la cama, sin querer escucharlo.

—Hago, sin embargo, cuanto puedo por ti—decía él al fin tristemente.

Los sollozos subían con esto, y el joyero se reinstalaba lentamente en su banco.[7]

Estas cosas se repitieron tanto que Kassim no se levantaba ya a consolarla. ¡Consolarla! ¿De qué? Lo cual no obstaba para que Kassim prolongara más sus veladas a fin de un mayor suplemento.[8]

Era un hombre indeciso, irresoluto y callado. Las miradas de su mujer se detenían ahora con más pesada fijeza sobre aquella muda tranquilidad.

—¡Y eres un hombre, tú!—murmuraba.

Kassim, sobre sus engarces,[9] no cesaba de mover los dedos.

—No eres feliz conmigo, María—expresaba al rato.[10]

—¡Feliz! ¡Y tienes el valor de decirlo! ¿Quién puede ser feliz contigo?... ¡No la última de las mujeres!...[11] ¡Pobre diablo!— concluía con risa nerviosa, yéndose.

Kassim trabajaba esa noche hasta las tres de la mañana, y su mujer tenía luego nuevas chispas que ella consideraba un instante con los labios apretados.

—Sí... ¡no es una diadema sorprendente!... ¿cuándo la hiciste?

—Desde el martes—mirábala él con descolorida ternura; —mientras dormías, de noche...

—¡Oh, podías haberte acostado!... ¡Inmensos, los brillantes![12]

Porque su pasión eran las voluminosas piedras que Kassim montaba. Seguía el trabajo con la loca hambre de que concluyera de una vez[13] y apenas aderezada la alhaja, corría con ella al espejo.

---

[6] the intricate artistry of creating settings
[7] would slowly make his way back to his bench
[8] in order to provide more extras
[9] leaning over his settings
[10] he would say presently
[11] Not even the least of women!
[12] What immense diamonds! (sarcastically)
[13] with an insane need for him to finish right away

Luego, un ataque de sollozos:

—¡Todos, cualquier marido, el último, haría un sacrificio para halagar a su mujer! Y tú... y tú... ¡ni un miserable vestido que ponerme, tengo!

Cuando se franquea cierto límite de respeto al varón, la mujer puede llegar a decir a su marido cosas increíbles.

La mujer de Kassim franqueó ese límite con una pasión igual por lo menos a la que sentía por los brillantes. Una tarde, al guardar sus joyas, Kassim notó la falta de un prendedor—cinco mil pesos en dos solitarios. Buscó en sus cajones de nuevo.

—¿No has visto el prendedor, María? Lo dejé aquí.

—Sí, lo he visto.

—¿Dónde está?—se volvió extrañado.

—¡Aquí!

Su mujer, los ojos encendidos y la boca burlona, se erguía con el prendedor puesto.[14]

—Te queda muy bien[15] —dijo Kassim al rato. —Guardémoslo.

María se rió.

—¡Oh, no!, es mío.

—¡Broma?...

—¡Sí, es broma! ¡Es broma, sí! ¡Cómo te duele pensar que podría ser mío... Mañana te lo doy. Hoy voy al teatro con él.

Kassim se demudó.[16]

—Haces mal... podrían verte. Perderían toda confianza en mí.

—¡Oh!—cerró ella con rabioso fastidio, golpeando violentamente la puerta.

Vuelta del teatro,[17] colocó la joya sobre el velador. Kassim se levantó y la guardó en su taller bajo llave. Al volver, su mujer estaba sentada en la cama.

—¡Es decir,[18] que temes que te la robe! ¡Que soy una ladrona!

—No mires así...[19] Has sido imprudente nada más.

—¡Ah! ¡Y a ti te la confían! ¡A ti, a ti! ¡Y cuando tu mujer te pide un poco de halago, y quiere... me llamas ladrona a mí! ¡Infame!

Se durmió al fin. Pero Kassim no durmió.

Entregaron luego a Kassim para montar, un solitario, el bri-

---

[14] wearing the brooch
[15] It looks good on you
[16] grew red in the face
[17] After she returned from the theater
[18] That is to say
[19] Don't look at it that way

llante más admirable que hubiera pasado por sus manos.

—Mira, María, qué piedra. No he visto otra igual.[20]

Su mujer no dijo nada; pero Kassim la sintió respirar hondamente sobre el solitario.

—Un agua admirable...[21] —prosiguió él; —costará nueve o diez mil pesos.

¡Un anillo! —murmuró María al fin.

—No, es de hombres... un alfiler.

A compás del montaje del solitario,[22] Kassim recibió sobre su espalda trabajadora cuánto ardía de rencor y cocotaje frustrado en su mujer.[23] Diez veces por día interrumpía a su marido para ir con el brillante ante el espejo. Después se lo probaba con diferentes vestidos.

—Si quieres hacerlo después... —se atrevió Kassim un día.

—Es un trabajo urgente.

Esperó respuesta en vano; su mujer abría el balcón.

—¡María, te pueden ver!

—¡Toma! ¡Ahí está tu piedra!

El solitario, violentamente arrancado, rodó por el piso.

Kassim, lívido, lo recogió examinándolo, y alzó luego desde el suelo la mirada a su mujer.

—Y bueno, ¿por qué me miras así? ¿Se hizo algo tu piedra?[24]

—No—repuso Kassim. Y reanudó en seguida su tarea, aunque las manos le temblaban hasta dar lástima.[25]

Tuvo que levantarse al fin a ver a su mujer en el dormitorio, en plena crisis de nervios.[26] La cabellera se había soltado y los ojos le salían de las órbitas.

—¡Dame el brillante!—clamó. —¡Dámelo! ¡Nos escaparemos! ¡Para mí! ¡Dámelo!

—María... —tartamudeó Kassim, tratando de desasirse.

—¡Ah!—rugió su mujer, enloquecida. —¡Tú eres el ladrón, el miserable! ¡Me has robado mi vida, ladrón, ladrón! ¡Y creías que no me iba a desquitar... cornudo! ¡Ajá!—se llevó las dos manos a la garganta ahogada.[27] Pero cuando Kassim se iba, saltó de la cama

---

[20] another like it

[21] (It has) a wonderful sparkle

[22] As (work on) mounting the solitaire proceeded

[23] all the rancor and frustrated coquetry that smouldered inside his wife

[24] Did something happen to your stone?

[25] almost pitifully

[26] in the midst of a nervous fit

[27] and she clasped her constricted throat with both her hands

y cayó, alcanzando a cogerlo de un botín.

—¡No importa! ¡El brillante, dámelo! ¡No quiero más que eso! ¡Es mío, Kassim, miserable!

Kassim la ayudó a levantarse, lívido.

—Estás enferma, María. Después hablaremos... acuéstate.

—¡Mi brillante!

—Bueno, veremos si es posible... acuéstate.

—Dámelo.

La crisis de nervios retornó.

Kassim volvió a trabajar en su solitario. Como sus manos tenían una seguridad matemática, faltaban pocas horas ya para concluirlo.

María se levantó a comer, y Kassim tuvo la solicitud de siempre con ella. Al final de la cena lo miró de frente.[28]

—Es mentira, Kassim—dijo.

—¡Oh!—repuso Kassim, sonriendo—no es nada.

—¡Te juro que es mentira!—insistió ella.

—Kassim sonrió de nuevo, tocándole con torpe caricia la mano y se levantó para proseguir su tarea. Su mujer, con la cara entre las manos, lo siguió con la vista.

—Ya no me dices más que eso... —murmuró. Y con una honda náusea por aquello pegajoso, fofo e inerte que era su marido,[29] se fue a su cuarto.

No durmió bien. Despertó, tarde ya, y vio la luz en el taller; su marido continuaba trabajando. Una hora después Kassim oyó un alarido.

—¡Dámelo!

—¡Sí, es para ti; falta poco,[30] María —repuso presuroso, levantándose. Pero su mujer, tras ese grito de pesadilla, dormía de nuevo.

A las dos de la mañana Kassim pudo dar por terminada su tarea; el brillante resplandecía firme y varonil en su engarce. Con paso silencioso fue al dormitorio y encendió la veladora. María dormía de espaldas,[31] en la blancura helada de su camisón y de la sábana.

---

[28] directly
[29] And with profound disgust for that stickiness, softness, and sluggishness that was her husband

[30] just a little longer
[31] on her back

Fue al taller y volvió de nuevo. Contempló un rato el seno casi descubierto y con una descolorida sonrisa apartó un poco más el camisón desprendido.

Su mujer no lo sintió.

No había mucha luz. El rostro de Kassim adquirió de pronto una dureza de piedra y suspendiendo un instante la joya[32] a flor del seno desnudo, hundió firme y perpendicular como un clavo el alfiler entero en el corazón de su mujer.

Hubo una brusca apertura de ojos, seguida de una lenta caída de párpados. Los dedos se arquearon y nada más.

La joya, sacudida por la convulsión del ganglio herido, tembló un instante desequilibrada. Kassim esperó un momento; y cuando el solitario quedó por fin perfectamente inmóvil, se retiró, cerrando tras de sí la puerta sin hacer ruido.

LA VIVENCIA

1. ¿Cree María que su vida debe ser igual a la vida que se había imaginado antes de casarse? ¿Cómo afectan sus «ideas» su percepción de la realidad? ¿Es posible decir «todo o nada»?

2. ¿De dónde saca Kassim el plan de matar a María? ¿Es necesario este desenlace por razones culturales? ¿Sería «natural» esta «solución» en cualquier cultura? ¿en cualquier época?

3. ¿Es posible decir que el terror es la creación de los dos personajes? ¿Es este homicidio la expresión de otras preocupaciones conscientes e inconscientes que no nombra Quiroga?

PERSPECTIVAS LITERARIAS

1. ¿Nos interesa más la acción o la manera en que se realiza? Para el lector que ya conoce el desenlace, ¿cuentan los gestos más o menos? ¿las palabras?

---

[32] and after holding the jewel suspended for a moment

2. ¿Tienen que ser malos los personajes de un cuento de horror? ¿Tienen el mal y el horror sus propias leyes, una «lógica»? ¿Puede compararse esa lógica con la que se usa en la vida cotidiana?

JORGE LUIS BORGES

(1899–1986)

Después de cursar estudios secundarios en Suiza, en viajes por Francia, Alemania y España Borges se puso en contacto con los innovadores literarios de la segunda década del siglo. En su obra literaria buscó constantemente transcender los límites del pensamiento convencional, sobre todo con respecto al tiempo y al papel del escritor y del lector en la creación y la recreación de la obra literaria.

El lector de «El tema del héroe y del traidor» no debe olvidarse de la arbitrariedad con la cual Borges manipula los «hechos» en el primer párrafo. Nos dice que lo que se narra pudo transcurrir en Sudamérica, Venecia o algún país balcánico. Pero elige Irlanda y el año 1824. En otro párrafo ni parece importar esto, porque el tiempo es «cíclico». Es decir, la historia se repite.

Mientras escribe, Borges está divirtiéndose. En su cuento de detectives, cita a cada paso las ideas de otros autores y hechos históricos para aclarar «la historia». Pero el lector se da cuenta de que esta erudición sirve igualmente bien para explicar lo histórico y lo ficticio. La detallada historia—una historia apócrifa en la que la vida parece imitar a la literatura—se relata con la misma seriedad con la que se cita a Hegel, a Moisés o a Chesterton. La ficción y la historia acaban por mezclarse y confundirse. El detective-escritor Ryan, que quiere explicarse la muerte de su antepasado Fergus Kilpatrick, y el lector acaban por tener algo en común: el no saber dónde se encuentra la frontera entre la realidad y la ficción. Si Borges—o Ryan—tiene razón, los grandes acontecimientos históricos pueden ser obras de teatro planeadas por conspiradores de talento literario con intención de inventar leyendas. Es más, al final Ryan sospecha que, en su papel policial, él mismo pueda estar actuando de acuerdo con los planes de los conspiradores del siglo XIX.

Lecturas recomendadas: «El evangelio según Marcos» y «Emma Zunz»

CUESTIONARIO

1. ¿Es imaginaria o verdadera la historia que piensa contar el narrador?

2. ¿Dónde y cuándo transcurre la acción?

3. ¿Quién es Ryan? ¿Es posible que haya dos narradores?

4. ¿Qué parentesco existió entre Ryan y Fergus Kilpatrick?

5. ¿Por qué fue célebre Kilpatrick?

6. ¿Qué misterio había acerca de la muerte de Kilpatrick?

7. ¿Qué significa la referencia a lo cíclico en la historia?

8. ¿Qué paralelos hay entre la muerte de Julio César y la de Kilpatrick?

9. En la vida de Kilpatrick, ¿hay indicios de que la historia imita a la literatura?

10. ¿Quién sería el personaje responsable de que la literatura se mezclara con la historia?

11. ¿En qué consisten los *Festspiele*?

12. ¿Qué hizo de extraño Kilpatrick en el último cónclave de los conspiradores?

13. Según Ryan, ¿quién era encargado de la ejecución de la sentencia de muerte?

14. ¿Por qué prestó su cooperación el traidor?

15. ¿En qué aspectos de la ejecución se nota la influencia de la afición de Nolan por Shakespeare y por los *Festspiele*?

16. ¿En qué se parece este asesinato al de Abraham Lincoln?

17. ¿Por qué intercaló Nolan los pasajes plagiados de Shakespeare?

18. Después de tantas investigaciones, ¿por qué decide Ryan no escribir la historia de la muerte de Kilpatrick?

TEMA DEL TRAIDOR
Y DEL HÉROE

So the Platonic Year
Whirls out new right and wrong,
Whirls in the old instead;
All men are dancers and their tread
Goes to the barbarous clangour of a gong.

—W.B. Yeats,[1] The Tower

Bajo el notorio influjo de Chesterton (discurridor y exornador de elegantes misterios)[2] y del consejero aúlico[3] Leibniz (que inventó la armonía preestablecida),[4] he imaginado este argumento, que escribiré tal vez y que ya de algún modo me justifica, en las tardes inútiles. Faltan pormenores, rectificaciones, ajustes; hay zonas de la historia que no me fueron reveladas aún; hoy, 3 de enero de 1944, la vislumbro así.

La acción transcurre en un país oprimido y tenaz: Polonia, Irlanda, la república de Venecia,[5] algún estado sudamericano o balcánico... Ha transcurrido, mejor dicho, pues aunque el narrador es contemporáneo, la historia referida por él ocurrió al promediar o al empezar el siglo XIX. Digamos (para comodidad narrativa)[6] Irlanda; digamos 1824. El narrador se llama Ryan; es bisnieto[7] del

---

[1] Irish writer (1865–1939) whose work was often inspired by his nation's past. The second and third lines of the quote state the theme of this story.

[2] G.K. Chesterton (1874–1936), British mystery writer, historian, and wit

[3] court legal counsel in the Old German Empire

[4] G.W. Leibniz (1646–1716) posited that all beings are composed of simple substances ("monads") between which exists a harmony established by God.

[5] Republic of Venice, annexed to Italy in 1866

[6] for the sake of convenience in telling the story

[7] great-grandson

joven, del heroico, del bello, del asesinado Fergus Kilpatrick,[8] cuyo sepulcro fue misteriosamente violado, cuyo nombre ilustra los versos de Browning[9] y de Hugo,[10] cuya estatua preside un cerro gris entre ciénagas rojas.

Kilpatrick fue un conspirador, un secreto y glorioso capitán de conspiradores; a semejanza de Moisés que, desde la tierra de Moab, divisó y no pudo pisar la tierra prometida,[11] Kilpatrick pereció en la víspera[12] de la rebelión victoriosa que había premeditado y soñado. Se aproxima la fecha del primer centenario de su muerte; las circunstancias del crimen son enigmáticas; Ryan, dedicado a la redacción de una biografía del héroe, descubre que el enigma rebasa lo puramente policial.[13] Kilpatrick fue asesinado en un teatro; la policía británica no dio jamás con el matador; los historiadores declaran que ese fracaso no empaña su buen crédito, ya que tal vez lo hizo matar la misma policía.[14] Otras facetas del enigma inquietan a Ryan. Son de carácter cíclico:[15] parecen repetir o combinar hechos de remotas regiones, de remotas edades. Así, nadie ignora que los esbirros que examinaron el cadáver del héroe hallaron una carta cerrada que le advertía el riesgo de concurrir[16] al teatro, esa noche; también Julio César,[17] al encaminarse al lugar donde lo aguardaban los puñales de sus amigos, recibió un memorial que no llegó a leer, en que iba declarada la traición, con los nombres de los traidores. La mujer de César, Calpurnia, vio en sueños abatida una torre que le había decretado el Senado; falsos y anónimos rumores, la víspera de la muerte de Kilpatrick, publicaron en todo el país el incendio de la torre circular de Kilgarvan, hecho que pudo parecer un presagio, pues aquél había nacido en Kilgarvan. Esos paralelismos (y otros) de la historia de César y de la historia de un conspirador irlandés inducen a Ryan a suponer una secreta forma del tiempo, un dibujo de líneas que se repiten.

---

[8] The characters appear to be fictitious.
[9] Robert Browning (1812–1889), British writer of romantic poetry
[10] Victor Hugo (1802–1885), leader among French Romantics, dedicated to freedom and democracy
[11] Moses was shown the Promised Land by Jehovah, but was not allowed to enter it himself.

[12] perished on the eve
[13] purely police (or detective) matters
[14] since perhaps the police themselves had him killed
[15] They are of a cyclical nature
[16] to go
[17] Julius Caesar, Roman military and political leader, was assassinated in 44 B.C.

Piensa en la historia decimal que ideó Condorcet;[18] en las morfologías que propusieron Hegel,[19] Spengler[20] y Vico;[21] en los hombres de Hesíodo, que degeneran desde el oro hasta el hierro.[22] Piensa en la transmigración de almas, doctrina que da horror a las letras célticas[23] y que el propio César atribuyó a los druidas británicos; piensa que antes de ser Fergus Kilpatrick, Fergus Kilpatrick fue Julio César. De esos laberintos circulares lo salva una curiosa comprobación, una comprobación que luego lo abisma en otros laberintos más inextricables y heterogéneos: ciertas palabras de un mendigo que conversó con Fergus Kilpatrick el día de su muerte, fueron prefiguradas por Shakespeare en la tragedia de *Macbeth*. Que la historia hubiera copiado a la historia ya era suficientemente pasmoso;[24] que la historia copie a la literatura es inconcebible... Ryan indaga[25] que en 1814, James Alexander Nolan, el más antiguo de los compañeros del héroe, había traducido al gaélico los principales dramas de Shakespeare; entre ellos, *Julio César*. También descubre en los archivos un artículo manuscrito de Nolan sobre los *Festspiele* de Suiza;[26] vastas y errantes representaciones teatrales, que requieren miles de actores y que reiteran episodios históricos en las mismas ciudades y montañas donde ocurrieron. Otro documento inédito le revela que, pocos días antes del fin, Kilpatrick, presidiendo el último cónclave, había firmado la sentencia de muerte de un traidor, cuyo nombre ha sido borrado. Esta sentencia no condice con los piadosos hábitos de Kilpatrick. Ryan investiga el asunto (esa investigación es uno de los hiatos del argumento) y logra descifrar el enigma.

Kilpatrick fue ultimado en un teatro, pero de teatro hizo tam-

---

[18] Marquis de Condorcet (1743–1794), French philosopher who wrote on the progress of the human spirit
[19] G.W. Hegel (1770–1831), German philosopher who favored a dialectical interpretation of history
[20] Oswald Spengler (1880–1936), German philosopher who elaborated a cyclical theory of civilization
[21] G.B. Vico (1668–1744), who found a pattern of three successive stages in history: those of gods, of heroes, and of men

[22] An allusion to Hesiod's (8th-century B.C.) successive Golden, Silver, Bronze, and Iron Ages
[23] Celtic writers
[24] The idea that history had copied history was already awesome enough
[25] discovers
[26] Swiss dramas described in succeeding lines, models for the action narrated

bién la entera ciudad,[27] y los actores fueron legión[28] y el drama coronado por su muerte abarcó muchos días y muchas noches. He aquí lo acontecido:

El 2 de agosto de 1824 se reunieron los conspiradores. El país estaba maduro para la rebelión; algo, sin embargo, fallaba siempre: algún traidor había en el cónclave. Fergus Kilpatrick había encomendado a James Nolan el descubrimiento de ese traidor. Nolan ejecutó su tarea: anunció en pleno cónclave que el traidor era el mismo Kilpatrick. Demostró con pruebas irrefutables la verdad de la acusación; los conjurados condenaron a muerte a su presidente. Éste firmó su propia sentencia, pero imploró que su castigo no perjudicara a la patria.

Entonces Nolan concibió un extraño proyecto. Irlanda idolatraba a Kilpatrick; la más tenue sospecha de su vileza hubiera comprometido la rebelión; Nolan propuso un plan que hizo de la ejecución del traidor el instrumento para la emancipación de la patria. Sugirió que el condenado muriera a manos de un asesino desconocido, en circunstancias deliberadamente dramáticas, que se grabaran en la imaginación popular y que apresuraran la rebelión. Kilpatrick juró colaborar en ese proyecto, que le daba ocasión de redimirse y que su muerte rubricaría.

Nolan, urgido por el tiempo, no supo íntegramente inventar las circunstancias de la múltiple ejecución;[29] tuvo que plagiar a otro dramaturgo, el enemigo inglés William Shakespeare. Repitió escenas de *Macbeth*, de *Julio César*. La pública y secreta representación comprendió varios días. El condenado entró en Dublín, discutió, obró, rezó, reprobó, pronunció palabras patéticas y cada uno de esos actos que reflejaría la gloria, había sido prefijado por Nolan. Centenares de actores colaboraron con el protagonista; el rol de algunos fue complejo; el de otros, momentáneo. Las cosas que dijeron e hicieron perduran en los libros históricos, en la memoria apasionada de Irlanda. Kilpatrick, arrebatado por ese minucioso destino que lo redimía y que lo perdía, más de una vez enriqueció con actos y palabras improvisadas el texto de su juez. Así fue desplegándose en el tiempo el populoso drama, hasta que el 6 de agosto de 1824, en un palco de funerarias cortinas que prefiguraba

---

[27] but the whole city served as the theater

[28] were great in number

[29] "Execution" of both the plan *and* the death sentence

el de Lincoln,[30] un balazo anhelado entró en el pecho del traidor y del héroe, que apenas pudo articular, entre dos efusiones de brusca sangre, algunas palabras previstas.

En la obra de Nolan, los pasajes imitados de Shakespeare son los *menos* dramáticos; Ryan sospecha que el autor los intercaló para que una persona, en el porvenir, diera con la verdad. Comprende que él también forma parte de la trama de Nolan... Al cabo de tenaces cavilaciones, resuelve silenciar el descubrimiento. Publica un libro dedicado a la gloria del héroe; también eso, tal vez, estaba previsto.

LA VIVENCIA

1. ¿Tiene la sociedad moderna características en común con los *festspiele*? ¿Cuáles son? ¿Es el cuento de Borges la expresión de sentimientos compartidos por otras personas en nuestros tiempos... o es la expresión de la paranoia individual del narrador Ryan que se cree víctima del plan de Nolan?

2. ¿Por qué le habrá importado a Borges, que escribe en la década de los 1940, indicar que lo que narraba hubiera podido tener lugar en cualquier país y en cualquier época? (Se deben tener en cuenta las circunstancias mundiales, no exclusivamente las sudamericanas.)

3. ¿Es cíclica la historia? ¿Lo demuestra el cuento? ¿Puede imaginar otros ejemplos?

PERSPECTIVAS LITERARIAS

1. ¿Qué papel desempeñan todas las citas históricas, filosóficas y literarias? ¿Tiene una existencia especial lo que nos cuentan los libros? ¿Qué relación guardan los libros con «la realidad»?

---

[30] Abraham Lincoln (1809–1865) was assassinated in Ford's Theater, Washington, while sitting in a box seat draped with patriotic bunting.

2. ¿Cuáles son los elementos necesarios para crear un cuento de detectives? ¿Es éste un cuento de detectives? ¿Hay otra manera de presentar los hechos para crear mayor *suspense*? A su parecer, ¿qué propósito tiene Borges al contar la «historia» en esta forma?

3. Como Jesús Cristo, Kilpatrick sabía que iba a morir y, a pesar de eso, cooperó con los que pensaban martirizarlo. ¿Es útil señalar estos paralelos para interpretar el cuento? ¿Por qué? ¿Importa el hecho de que Kilpatrick sea traidor?

GLOSARIO

This glossary includes the majority of the Spanish words used in this text, and provides only the English meanings that best suit those particular contexts. Meanings possible in other contexts have been omitted. Furthermore, this glossary is intended for students who have mastered the basic elements of Spanish structure and vocabulary. Approximately 700 of the most common words used in the early stages of the study of Spanish have been omitted, as well as simple cognates readily recognized by speakers of English. In addition, the following are assumed to be part of the reader's knowledge and do not appear: articles, pronouns, possessive and demonstrative adjectives, simple prepositions, most past participles, adverbs ending in **-mente** based on well-known or glossed adjectives, and words that are part of a normally memorized series (months, days of the week, seasons, numbers, and so on). Words that are glossed in footnotes to the stories are not included here unless they appear in other contexts.

The gender of nouns is indicated for masculine nouns ending otherwise than in **-o** and feminine nouns ending otherwise than in **-a, -ión, -ad,** and **-ud.** Only the masculine form of adjectives is given.

This glossary employs abbreviations minimally, and only to prevent confusion. In most instances the English equivalent will suffice to convey the meaning within the given context. Those abbreviations used are as follows:

adj	adjective	*n*	noun
adv	adverb	*pl*	plural
f	feminine	*prep*	preposition
inf	infinitive	*s*	singular
m	masculine	*v*	verb

189

A

abajo down
abandonar to give up
abandono abandonment
abanico: en __ fan-shaped
abarcar to embrace, encompass;
to monopolize, occupy
abatir to raze, tear down
abierto open, frank
abismar to cast into an abyss,
lose
ablandarse to soften
abordar to approach
abrasado burning
abrasar to burn
abrazar(se) to embrace
abrazo embrace
abrigo overcoat
abrir to open; to separate;
__ a to open onto
abultar to be bulky
abundar to abound
aburrimiento boredom
acabado worn-out
acabar to stop, end, cease;
__ con to finish off; __ de +
inf to have just; __ por + inf
to end up, finish by
acallar to pacify
acariciar to caress
acaso perhaps
acceder to agree to
acción action
acechar to spy on
acecho spying
aceitado oiled
aceite m oil
aceitunero olive picker
aceleración acceleration
acelerar to increase speed,
accelerate
acera sidewalk
acerca de about

acercar to place near, move near;
__ se to approach
acero steel
acertar to hit the mark
aclarar to clear, clarify
acodar to rest on one's elbows
acoger to receive
acomodar to arrange
acompasadamente regularly
acongojado afflicted
aconsejar to advise
acontecer to happen
acontecimiento happening, event
acordarse to remember
acortarse to grow shorter
acostarse to go to bed; to recline
acostumbrado usual
acostumbrarse a to become
accustomed to
actitud attitude
acto act; activity
actual present (time)
actuar to act, perform
acuciante acute; burning
acuerdo agreement; estar de
__ to agree
acústica acoustics
achicado swollen shut;
disconcerted
adaptarse to adapt oneself
adecuado fitting
adelantar to advance
adelante forward
ademán m gesture
además furthermore
adentro inside
aderezar to set up, prepare
adivina guesser, prophetess
adivinar to guess, glimpse at
admiración wonderment
adosar to place with the back
against, lean against
adquirir to acquire, take on

adrede on purpose, purposely
advertencia warning
advertir to notice; to warn, advise
afán *m* eagerness, zeal
afectar to affect
afeitarse to shave
afición fondness, liking
aficionado fond
afirmarse to steady oneself
aflicción grief
afligir to afflict; ___se to be grieved, stricken
aflojar to loosen
afuera *adv* out; *n pl* outskirts
agachar to bow; to lower; ___se to crouch down
agarrar to grab, hold, grasp
agarrotado squeezed
agazapado crouching
agencia agency
agitar to stir
agobiado burdened
agolpar to crowd together
agonizar to die out
agotar to exhaust
agradable pleasant
agradecer to thank, give thanks
agradecimiento gratitude
agrandarse to grow larger
agregar to add
agrícola *adj m, f* agricultural
aguantar to endure, tolerate; ___se to restrain oneself
aguardar to await
agudo sharp
agujereado full of holes
agujero hole
ahogar to drown; to smother, suffocate
ahogo shortness of breath; affliction
ahumado smoke-stained
airado angry

aislar to isolate
ajá ah!
ajarse to wither, waste away
ajuste *m* agreement, reconciliation
alambre *m* wire
alargado outstretched, extended
alargar to hand to; ___se to grow longer
alarido shriek, howl
alborozar to overjoy
alborozo joy
alcaldía city hall
alcanzar to reach, catch up; to manage, succeed
alcoba bedroom
aldea village
alegar to plead
alegórico allegorical
alegrar to make happy; ___se to be glad
alegría joy, gladness
alejarse to move, go away
alemán German
Alemania Germany
aletear to flutter
alfiler *m* pin, stickpin
alfombra carpet
algo *adv* somewhat
algodón *m* cotton wadding
algodonoso cottonlike
alguno some; none
alhaja jewel, ornament
alienación alienation, separation
alienar to alienate
alinear to place in a row
aliviar to soothe
alivio relief
alma (*f* but **el alma**) soul
almacén *m* storehouse; department store
almacenar to store
almohada pillow

alojamiento lodging
alojarse to lodge
alpargata hemp sandal
alquilar to rent
alrededor *prep:* ___ **de** around;
   n m pl environs
alterar to change; to become
   upset
alternar to vary; to alternate
alto *adj* high; tall; *n* halt, stop;
   hacer (un) ___ to stop
altura height; **a estas** ___**s** at this
   point, advanced stage of action;
   a la ___ **de** at the level of
alucinación hallucination
aludir to allude
aluminio aluminum
alusivo allusive
alzar to raise
allá: más ___ beyond, farther
   away
allanar to smooth out
amabilidad kindness
amanecer *m* dawn
amargado embittered
amargo bitter
amarillento yellowish
ambiente *m* environment
ambigüedad ambiguity
ambiguo ambiguous
ámbito scope
ambos both
amenazar to threaten
amistad friendship
amohinarse to become irritated
amoniacal ammoniacal
amores *m pl* love affair
amortajar to shroud
amplio full, broad
analizar to analyze
anciano old, elderly
ancho broad
andar to walk; to go; to be

andrajo rag
anécdota ancedote
anfitrión *m* host
anginas *pl* tonsils
ángulo corner
angustia distress
angustiado distressed, upset
anhelado eagerly desired
anhelante eager
anhelosamente breathlessly
anillo ring
animalejo little animal
animar to encourage; ___**se a** to
   feel encouraged; to find the
   courage to
ánimo: dar ___ to encourage
anochecer to grow dark; *n, m*
   nightfall
anodino insignificant; insipid
anonimato anonymity
anónimo anonymous
anormal abnormal
ansiedad anxiety
ansioso anxious
ante *prep* in front of; in the pres-
   ence of; *n m* elk skin
anteayer day before yesterday
antebrazo forearm
anteojos *pl* eyeglasses
antepasado ancestor
anterior prior, preceding
antes before
antiguo old; former
antojar to strike one as, appear as
anunciar to announce; to
   foreshadow
anuncio advertisement
añorar to pine for, grieve
apagado weak, dull, spiritless,
   listless
apagar to turn off, put out, extinguish; ___**se** to extinguish, go
   out

aparato: __ de televisión television set
aparecer to appear
aparición appearance
apartar to put aside; to move aside; __se to withdraw; to separate
apasionado passionate; impassioned
apedrear to stone
apenas hardly, barely
apertura opening
apestar to sicken, nauseate
aplanado collapsed
aplastar to crush, squash, flatten
aplaudir to applaud
apocalíptico apocalyptic
apócrifo apocryphal
aposento room
apostar to bet
apoyar to rest, rest on, lean
apoyo support
apreciar to appreciate
apremiante urgent
apresuradamente hurriedly, quickly
apresurar(se) to hurry
apretado close, intimate; tightly closed
apretar to squeeze, contract, tighten; to hold tight, clench; to afflict, distress
aprobación approval
aprovechar to take advantage of
aproximarse to approach
apuntar to note down
apurar to drain; to finish
aquí: he __ here is
araña spider
arco arch
archivos pl files; public records
arder to burn
ardor m eagerness

arduo hard, difficult
arena sand
argentino Argentine
argumento plot of a literary work
arma (f but el arma) weapon
armamento weaponry
armar to build, assemble
armario wardrobe; closet; cupboard
armazón f frame
armonía harmony
armonizar(se) to harmonize
arquear to arch
arrancar to wrest, pull away or out, snatch away
arranque m outburst, fit
arrastrar to drag, drag off
arrebatado reckless, carried away
arrebatar to snatch
arreglar to arrange
arremeter to attack
arrepentirse to repent
arriba up; __ de above
arrimar to lean on
arrobado entranced
arrojar to hurl; to throw away
arroyo stream
arruga wrinkle, crease
arrugar to wrinkle
arrullar to sing, lull to sleep
arrullo coo, cooing
arteria artery
artesano craftsman
articulación joint
articular to articulate
artífice m craftsman
asar to roast
ascender to arise
ascensor m elevator
asco: tener __ a to be disgusted with
asegurar to assure; to secure
aseo cleansing

asesinar to assassinate
asesinato assassination
asesino assassin
así: ___ **como** just as
asiento seat; **tomar** ___ to sit down
asignar to assign
asir to seize
asistir a to attend
asociar(se) to associate; to relate
asomarse to look out, peer out; to stick out
asombrarse to be amazed, astonished
asombro astonishment
áspero rough, harsh
aspiración breath
aspirar to aspire
astillado splintered
astucia cunning
astuto cunning, sly
asunto matter
asustar to frighten
atacar to attack
atado *adj* tied; *n* pack of cigarettes
ataque *m* outburst
atención: poner ___, **prestar** ___ to pay attention
atender to take care of; to assist
atento attentive
aterrado terrified
atmósfera atmosphere
atónito astonished
atormentar to torment, torture
atosigado overwhelmed
atraer to attract
atrapar to catch
atrás backward
atrasarse to slow down
atravesar to pass through, run through, cross
atreverse a to dare to

atusar to smoothe
audaz daring
aullido howl
aumentar to increase, get bigger
aumento increase
aun even
aún still, yet
aunque although, even though
auscultar to auscultate
autenticidad authenticity
autoestima self-esteem
autor author
auxilio help
avanzar to go forward, advance
aventura adventure
avergonzado ashamed; shameful
averiguar to find out
avisar to call; to notify
avispa wasp
avizorante watching
axila armpit
ayuda aid
ayudar to help
azotea flat roof

B

bajar to lower, let down; to go, come down, descend; to get down, off
bajo *n* bottom; *adj* low, lower; *prep* under
balancearse to rock
balazo shot (of gun)
balbucear to stammer
balbucir to stammer
balcánico Balkan
balcón *m* tall window
baldosa floor tile
balón *m* balloon
banco bench; bank
bandolero bandit
bañera bathtub
barba beard

barbaridad outrage
barbilla tip of chin
barrio precinct
barro mud; clay; pottery
barrote *m* bar
base *f* basis
bastar to suffice, be sufficient
bastón *m* walking stick
basura rubbish
batalla battle
batería storage battery
batir to beat; to clap
baúl *m* trunk
bautizar to baptize
belleza beauty
bello beautiful; handsome
bendecir to bless
beneficio benefit
benevolencia benevolence
berzal *m:* verde de ___ cabbage
    green
bicho beast, creature
bidé *m* bidet
bien well; ___ que although; más
    ___ rather
billete *m* ticket; banknote
biografía biography
bistec *m* steak
blanco white; en ___ blank
blancor *m* whiteness
blando soft, tender
blanquear to turn white
blanquecino whitish
bloquear to block
bobada foolishness
bocanada puff
bodegón *m* cheap restaurant
bohemio bohemian
boina beret
boliche *m* cheap bar
bolsa bag
bolsillo pocket
bomba bomb

bonanza boom, prosperity
bonete *m* cap
borde *m* edge
borrachera drunkenness
borracho inebriated
borrar to erase
borroso blurred, fuzzy
bosque *m* forest
bostezar to yawn
bota boot
botella bottle
botín *m* boot
boxeador *m* boxer
brasa live coal
brazo arm
brea tar, pitch
brillante *n m* sparkling stone;
    diamond; *adj* brilliant, shining
brillar to shine
brisa breeze
británico British
broma joke
bronce *m* bronze
brotar to bud, shoot up; to break
    out (on skin)
bruces: de ___ face down
brusco sudden, abrupt; gruff
bruto *adj* stupid; *n* brute
buey *m* ox
bufanda scarf
bulto form, shadow
bullicio bustle
burbujeante bubbling
burla ridicule
burlón *adj* scoffing
burocrático bureaucratic
busca search; en ___ de in
    search of
buscar to search

C

cabecita tiny head
cabellera head of hair

cabello hair
cabo end; **al ___** at the end
cacharro jalopy
cachorro pup
cadáver *m* corpse
cadena chain
caer to drop, fall
cagar to defecate
caída fall, falling
caja box; coffin
cajón *m* box; drawer
calambre *m* cramp
calamidad calamity
calavera skull
calcetines *m pl* socks
calcular to figure, reckon
cálculo calculation
caldero pot; frying pan
calentar to heat
calidad quality
cálido warm
calma calmness
calmante *m* sedative
caluroso warm
calvo bald
calzado shod
callado silent, quiet
callar to quiet, silence; **___se** to become quiet, silent
cámara camera
cambiante changing
cambiar: ___ de to exchange
cambio change; **en ___** on the other hand
camilla examination table
caminar to walk, walk along, go
camión *m* truck
camiseta undershirt
camisón *m* nightshirt
campana church bell
campanada stroke of a bell
campesino peasant, farmer

campestre *adj* country
cana white, grey hair
canasta basket
canasto basket, wastebasket
canción *f* song; **___ infantil** children's song
cansancio tiredness, fatigue
cansarse to grow tired
cantidad quantity
canto song; chant
caos *m* chaos
capa social class
capaz capable, able
capitanear to lead
capricho whim
captar to capture
cara face
característico *adj, n* characteristic
caracterización characterization
caracterizar to characterize
caramba wow!
carburo lamp, lantern
cárcel *f* jail
carecer to lack
carga load
cargado loaded; loaded down; thick; overcast
cargarse to be loaded down with
caricia caress
cariño affection
cariñoso affectionate
carne *f* meat; flesh
carraspeo *n* hawking
carrera waterway route
carretera highway
carro wagon; car
carrocería auto body, chassis
cartel *m* poster
cartera wallet
cartón *m* cardboard
casa house; business firm; **a ___** homeward
casarse to get married

cáscara hull
caso case; del __ befitting; hacer
__ de to pay attention to
castigar to punish; to break
hearts
castigo punishment
Castilla Castile, central region of
Spain
casualidad: por __ by chance
catástrofe f catastrophe
cátedra academic chair
catedrático professor
cauce m roadbed
causa: a __ de because of
cautela cunning
cauteloso cautious
cauto careful, cautious
cavilación worry
caza hunt
cazador m hunter
ceder to yield
ceguera blindness
célebre famous
celos pl jealousy
celoso jealous
cemento concrete
cenar to eat supper
ceniza ash
centenar m hundred
centímetro centimeter
centrarse to be centered
céntrico central
cepillar to brush
cepillo brush; __ de dientes
toothbrush
cerca near, nearby
cerciorarse to inform oneself
cerdo hog
cerro hill
certificado certificate
cervantino Cervantine, Cervantes
and qualities of his work
cesar to stop; __ de + inf to stop

cesta basket
cicatriz f scar
cíclico cyclical
ciego blind
ciempiés m s centipede
ciénaga marsh, bog
ciencia science
cierto certain, a certain; __ que
it is true that
cigarra locust
cigarrillo cigarette; __ negros
dark-tobacco cigarettes
cinc m zinc
cinta: __ elástica rubber band
cinto belt
cintura waist
cinturón m belt
circular to circulate
cirio religious candle
cita quotation; date
citarse to make, have a date; to
meet with
ciudadano citizen
clamar to cry out
clamor m outcry
clarividente clairvoyant
claro clearly, of course
clase type, kind
clausurar to close
clavar to nail, stick into; to fix in
place
clavo nail
cliente m, f customer; guest
cloqueo clucking
coagularse to coagulate
cobarde m, f coward
cobrar to collect (payment)
cocina kitchen
cocinero cook
coco bogeyman
coche m car
cochino n pig; dirty person; adj
stingy; dirty

codo elbow; **de __s** leaning on elbows
coger to hold, take, grab; to gather, pick up
cogote *m* back of the neck
coincidir to coincide
cojear to limp
cola: formar __ to get into line
colada laundry
colchón *m* mattress
colección collection
colega *m, f* colleague
colgar to hang
colilla cigarette butt
colmo height; high point
colocar to place
colorado red
colorete *m* rouge
comedor *m* dining room
comentar to comment on
comentario comment
comenzar to begin
cómico comical, comic
comienzo beginning
como: __ si as if; **__ para** as if to
cómoda dresser
cómodo comfortable
compadecer to have pity, compassion for
compadre *m* friend, companion
compañero companion
compañía company
comparación: por __ con in comparison with
comparar to compare
compartir to share
compás *m* bar, measure *(music)*
compatriota *m, f* fellow citizen
compensar to make up for
complacencia satisfaction
complacer to please, humor
complacido satisfied

complaciente agreeable; indulgent
complejo *adj, n* complex
completo: por __ completely
complicidad complicity
complot *m* intrigue, plot
comprador *m* purchaser
comprender to understand; to comprise
comprobación proof, verification
comprobar to ascertain, find out
comprometer to compromise
compromiso pledge
comulgar to take communion
comunidad community
concebir to conceive of
concentrado uncommunicative
concentrar to center; **__se** to become concentrated
conciencia awareness; conscience
concienzudamente conscientiously
cónclave *m* secret meeting
concluir to finish; to end
concurso contest
condecir to agree
condenado condemned man
condenar to block, shut off; to sentence, condemn, damn
condescender to agree
conducir to lead
conducta behavior
conductor *m* driver
conferencia meeting; discussion
confesar to confess
confiadamente confidently
confianza confidence, trust
confiar to entrust
confidente *m, f* confidant
confinar to border
conflictivo conflicting
conformidad conformity; forebearance; resignation
confundido bewildered, perplexed

confundir to confuse (with another); ___se to become confused; ___se con to mix with
confuso confused
congelar to freeze
congénere m fellow member of genus
congestionar to congest
congoja anguish
conjurado conspirator
conmovedor emotionally moving
conmovido moved
conocer to be acquainted with, know; to meet; ___se to get acquainted, get to know each other
conocido acquaintance
consabido well-known
consagrar to consecrate
consciencia consciousness
consciente conscious, aware
conseguir to get, obtain; ___ + inf to succeed in, manage to
consejo advice
consentir to consent
conservador conservative
conservar to preserve, protect
considerar to study
consigna slogan
consiguiente: por ___ therefore
consistir en to consist of
conspiración conspiracy
constante f constant
construir to build
consuelo comfort
consumido emaciated
consumidor m consumer
consumir to consume
consumo consumption
contagiarse to be infected
contar to count; to tell; ___ con to count on
contiguo adjoining, next door

continuar to go on
continuidad continuity
continuo continuous; continual
contra against
contradecir to contradict
contrario opposite; contrary
convencer to convince
convencimiento conviction
convenir to be suitable
conventillo tenement house
convertir(se) en to convert, change into
convivencia living together
cónyuge m, f spouse
copa wine glass
copetín m drink, cocktail
copiar to copy
copo snowflake
coquetería affection; affectation, artificiality
corazón m heart
corbata necktie
cordialidad warm feeling
cordones m pl: ___ de los zapatos shoelaces
cornudo cuckold
coronación culmination
coronar to crown
corpiño bodice; bra
corredor m porch
correr to run; to race by; to flow (in veins); ___se to spread
corriente f current, stream
cortar to cut; to cut down; to interrupt; ___se to be interrupted
cortina curtain
corva back of the knee
cosecha harvest
cosquillas: hacer ___ to tickle
costa: a toda ___ at any cost
costra crust
costumbre f custom; de ___ as usual

cotidiano daily
crear to create
crecer to grow; to grow up; to increase
creciente growing
crédito credibility; reputation
crédulo credulous, naive
creencia belief
crepitación crackling
crepuscular waning
crepúsculo twilight
criada maidservant
criar to raise
criatura baby
crimen *m* crime
crispado twitching
cristal *m* windowpane
cristalino crystalline
croar to croak
crónica newspaper article
crudo harsh
crueldad cruelty
crujiente chattering; crackling
crujir to creak, rustle
cruz *f* cross
cruzar to cross; ___se de to cross
cuadra city block
cuadro picture
cuajar to take shape
cualquier(a) any; whatever; whatsoever
cuán how
cuando: de ___ en ___ from time to time
cuanto all, as much as; en ___ as soon as; en ___ a with respect to; unos ___s some; ___s as many
cuarteadura crack
cuartel *m* barracks
cuarterón *m* panel
cuarto quarter; room; ___ de baño bathroom

cubierto *adj* covered; *n pl* place setting
cubo bucket
cucaracha cockroach
cuchara spoon
cucharita teaspoon
cuchillada stab wound
cuchillería cutlery
cuchillo knife
cuello neck; collar
cuenca eye socket
cuenta: darse ___ to notice; to realize, become aware
cuentista *m, f* writer of stories
cuerda string; rope
cuero leather
cuerpo body
cuestión issue; question
cueva cave, den
cuidado: tomar ___ to take care of
cuidadosamente carefully
cuidar to care for; ___se de to care about
culebra snake
culinario culinary
culpa fault, blame; guilt; tener la ___ to be guilty, to be to blame
culpar to blame
culto worship
cumplir to fulfill, carry out
cuna cradle
curar to cure
cursar to attend a course
cuyo whose, of whom, of which

CH

chabola shack, shanty
chapa metal plate
chaqueta jacket
charlar to chat
chato flat
cheque *m* check
chicle *m* chewing gum

chicloso sticky, gummy
chicotear to flip-flop
chillar to shriek
chirrido creaking sound; shriek
chispa spark; chip of precious stone
chocho doddering
chófer (or chofer) *m* driver, chauffeur
chopo black poplar
choza hut
churrera fritter maker
churretón *m* stain
churro elongated, slender fritter

D

daño damage, harm
dañoso harmful
dar to give; to strike (*hour*); ___ a to face, open onto, lead to; ___ una película to show a film; ___ con to come upon, catch, find; to hit; ___ de comer to feed; ___ por to consider
dato datum; ___s data
debajo under, underneath; por ___ from underneath
deber *v* to owe; to have to, must, should, ought; *n m* duty
debidamente properly
débil weak
debilidad weakness
década decade
decaer to decline
decepción disillisionment
decidido determined
decir to say; es ___ that is
decisión: tomar una ___ to make a decision
declinante declining
decretar to decree
dedicar to devote; ___se to devote oneself

dedo finger; toe
deformar distort
defraudado disappointed; defeated
degenerar to degenerate
degollar to behead, execute
dejar to leave, abandon, give up; to allow, permit; ___ de + *inf* to stop
delante in front
delatar to reveal
delgado slender
delincuencia delinquency
delirio: con ___ deliriously
demás: los/las ___ the others, the rest
demonio devil
denominar to name
densidad density
denso heavy
dentadura: ___ postiza denture
dentro inside
deparar to present
depender to depend
deprimido depressed
derecho *adj* right (*side*); straight; *n* right (*legal*); tener ___ a to have the right to
derrengar to break one's back
derretirse to melt
derrumbarse to collapse
desabotonar to unbutton
desafiante defiant
desagradable unpleasant
desagradar to displease
desahogarse to give vent to
desahogo unburdening
desalmado soulless
desaparecer to disappear
desapasionado dispassionate
desarrollar to develop
desarrollo development
desasirse to break loose

desasosiego disquiet, uneasiness
desayunar to eat breakfast
desayuno breakfast
desbaratado ruined
descalzo barefoot
descansar to rest
descender to get out (of a vehicle)
descifrar to decipher
descolgarse to hand
descolorido discolored; faded, pale
descomponerse to decompose
desconcertar to baffle, disconcert
desconcierto bafflement
desconfianza distrust
desconocido *n* stranger; *adj* unknown, strange
descoyuntar to get out of joint, dislocate
describir to describe
descubierto bare, uncovered; **al** ___ in the open
descubrimiento revelation, unmasking
descuido: al ___ with studied carelessness
desde since; ___ **luego** of course; ___ **que** since
desdentado toothless
desechar to cast aside
desempeñar to fill a function
desenfado casualness
desenlace *m* outcome, denouement
desequilibrado unbalanced
desesperación despair
desesperadamente desperately
desesperado desperate
desesperante exasperating
desfallecer to faint
desgarrón *m* rip
desgracia misfortune
deshacer to destroy

desierto *n* desert; *adj* deserted
designar to classify
desintegrar to disintegrate
deslizarse to slide, glide, slip away
deslumbrar to blind, dazzle
desmayado languid
desnudo naked, bare
desocupado idle, unemployed
desorientación confusion
desorientar to confuse
despacio slowly
despacioso slow
despedida farewell
despedido *adj* diffuse
despedir to take leave of; to give off (an odor); ___**se** to take leave, say goodnight
desperdicio rubbish
despiadado merciless
despierto awake
desplegarse to unfold
despoblado deserted
despojado stripped
desportillado chipped
desposeído dispossessed
despreciado cast aside
desprenderse to get, come loose
desprendido loosened; detached
despreocupado unconcerned
desquitar to get even
destacamento detachment
destacar to emphasize, stand out
destartalado shabby
destemplado unpleasant-sounding, loud
desterrar to exile
destierro exile
destinado destined, intended
destino fate
destrabar to loosen
destrozar to destroy
destruir to destroy

desventaja disadvantage
desvergonzado shameless
desvestirse to undress
desviar to turn aside
desvío dislike, indifference
detallado detailed
detalle *m* detail
detener to stop, hesitate;
___se to stop, cease
deterioro deterioration
detrás behind
detritus *m* debris
devolver to return, give back
devoto sacred
día *m* day; al ___ for the day;
day by day; al ___ siguiente on
the next day; cada ___ every
day; al otro ___ on the mor-
row; de ___ by day
diablo devil
diabólico devilish
diadema tiara
diálogo dialogue
diariamente daily
diario *adj* daily; *n* newspaper
dibujo design
dictador *m* dictator
dictadura dictatorship
dicha happiness, joy
dicho: mejor ___ rather, that is
diente *m* tooth
difunto deceased
digno worthy; dignified
diminuto small
dintel *m* threshold
dirección: en ___ a toward
directriz *f* directive
dirigir to direct, turn; ___se a to
go, address oneself to, turn to
disco disk; phonograph record
disconforme disagreeing
discretamente discreetly
discreto cautious

disculpar to excuse
discurridor *m* inventor
discurso speech
discutir to argue; to discuss
diseño design
disfrutar to enjoy
disgusto displeasure
disimular to disguise, dissemble
disminuir to diminish; ___se to
grow smaller
disolverse to dissolve
disponerse to prepare
disposición inclination
dispuesto ready
distanciamiento distancing
distinguir to distinguish, see,
perceive
distinto different
distorsionar to distort
distraer to distract; ___se to
amuse oneself
distraídamente absentmindedly,
distractedly
distraído distracted, absent-
minded, completely absorbed
diversión amusement
divertido amusing
divertir(se) to amuse (oneself)
divinidad divinity
divisar to catch sight of; to devise
doblar to bend over; ___se to
bend, buckle
docena dozen
doctorado doctorate
doctrina doctrine
doler to hurt
dolor *m* suffering, pain; sorrow
dolorido heartsick
doloroso painful; mournful, sad
domeñar to master, tame
dominar to control
dominio control, mastery
don *m* gift, talent

doncella maiden, young woman
dorado gilded; browned
dormido asleep
dormir to sleep; __se to fall asleep
dormitar(se) to nap, doze
dormitorio bedroom
dorso back
dotar (de) to endow (with)
dote f gift, talent
drama m play
dramaturgo dramatist
druida m, f Druid
duda doubt; **caber** __ **de** to be room for doubt; **sin** __ doubtlessly
dudar to doubt
dueño owner
dulce pleasant
dulcemente gently
dulcificar to mollify
durante during, for
durar to last, endure
dureza hardness
durmiente m, f sleeper
duro adj hard, firm; n five pesetas (Spain)

E

echado lying down
echar to throw, toss, put, expel; __ **de menos** to miss; __se to lie down; __se **a** + inf to begin to; to burst out
edad age
edificio building
efectivamente in fact
efecto effect; **por** __ **de** as a result of
eficaz effective
egoísmo egotism
egoísta n m, f egotist; adj egotistical

ejecución execution
ejemplar n m copy of a book; adj exemplary
elaborar to elaborate
elegir to elect, choose
emanar to give off
embargo: sin __ nevertheless, however
embarrado mud-stained
embellecido beautified
emborracharse to become inebriated
embotellar to bottle
embreado covered, soaked in tar
embriaguez f drunkenness
embrollar to embroil
embromar to make fun of
embrujado bewitched
embrutecer to brutalize, stupefy
emisora broadcasting station
emoción emotion; upset
emocionar to stir, move (emotionally)
empalizada fence
empañar to tarnish
empapado saturated
empapar to soak up
emparedado walled-in
empavonado greased
empeine m instep
empeño persistence
empeoramiento worsening
emperrarse to get stubborn
empinarse to stand on tiptoe
empleado employee
emplear to employ, use
empleo job
emprender to undertake
empresa undertaking
empujar to push
enajenado alienated, outcast; insane
enamorado adj in love; n lover

encaminarse to set out

encantado enchanted, charmed

encantamiento charm, spell

encaramarse to climb on top of

encarar to face

encarcelamiento incarceration, imprisonment

encarcelar to imprison

encargar to order; __se to undertake; __se de to take charge of

encariñarse to become attached

encarnación incarnation

encarnado scarlet

encarnar to incarnate

encender to set afire, ignite, light

encendido lit; inflamed, flushed; burning

encerrar to enclose; to close up, lock in

encierro enclosure

encima above, on top; por __ above; por __ de above, over

encogerse to contract; to shrug; __ de hombros to shrug one's shoulders

encogido hunched over

encomendar to entrust

encontrar to find; __se to get together; to meet; to find oneself to be

encuentro find, encounter

enchapado overlaid

enderezarse to straighten up

endurecido hard, stiff

enervado weakened

enfadarse to become angry

enfático emphatic

enfatizar to emphasize

enfermar to get, make sick; __se to get sick

enfermizo sickly

enfocar to focus on

enfoque m focus

enfrente: de __ opposite

enfriar to chill

engañar to deceive

engarce m setting (for a jewel)

enigma m puzzle

enjugar to dry

enjuiciar to pass judgment on

enlace m marriage

enloquecer to drive mad; to go mad

enmienda reform

ennegrecer to blacken, darken

enojarse to get angry

enorme enormous

enredar to entangle

enriquecer to enrich

enrollado enveloped

ensayar rehearse, try out

ensayo essay

enseñar to teach

enseres m pl household goods

ensimismado self-absorbed

ensombrecer to darken, cloud over

ensuciar to dirty

entablar to start

enterarse to find out

enternecedor touching

enternecido touched

entero entire, whole

enterrar to bury

entibiar to cool, become tepid

entonar to tune up

entornar to open or close partially; to half-close

entrada entrance

entre between; por __ through, between

entrecortado broken, intermittent

entregar to deliver

entretener to amuse; __se to amuse, entertain oneself

entretenido entertaining
entrever to glimpse
entreverarse to get mixed, intermingled
entusiasta enthusiastic
envidiable enviable
envolver to surround, wrap
envuelto engulfed, wrapped
época era, period of time
equilibrio balance
equivocación mistake
equivocarse to make a mistake, be wrong
erguir to straighten
errante wandering
esbelto svelte, thin, slender
esbirro constable
escalera stairway
escaparate *m* display window
escaparse to escape, run away
escarcha frost
escaso few, scant
escena scene
escenario setting, stage setting
escepticismo scepticism
esclavo slave
esconder to hide; to close (eyes)
escondidas: a ___ on the sly, secretly
escondite *m* hiding place
escondrijo hiding place
escritor *m* writer
escritorio desk; office
escuálido squalid
escudriñar to scan
escuerzo toad
escupidera chamberpot
escupir to spit out
escurrirse to escape, slip away
esfuerzo effort
eso that; **por** ___ for that reason
espacio space; period of time
espalda shoulder; back; **dar, vol-**

ver la ___ to turn one's back
espantar to frighten away
espanto fright, scare
especial special; **en** ___ especially
espejear to sparkle
espejo mirror
espera *n* wait, waiting
esperado expected, awaited
esperanza hope; prospects
espeso heavy, thick
espiar to spy
espina: ___dorsal spine
espinoso thorny
espléndido splendid
espontáneo spontaneous
esposo husband; *pl* couple
espumeante frothy, foamy
esquina street corner
esquivar to avoid
esquive *m* dodging
establecer to set up in business
estación season; station
estado state
estalactita stalactite
estallar to burst forth, explode
estancia room
estante *m* shelf
estantería shelving
estar to be; ___ **por** + *inf* to be about to
estatua statue
estéril sterile
estimular to stimulate
estirar to stretch (out)
estómago stomach
estrangular to strangle
estrecho narrow
estrella star
estremecerse to shudder, shake
estremecimiento shudder
estrepitosamente boisterously, noisily
estrepitoso deafening

estriado striated
estridencia harshness, shrillness
estropajo scrub brush
estropeado worn
estructura structure
estruendoso crashing (sounds)
estufa stove
estupefacto stupefied
etapa stage (in a process)
eternidad eternity
evangelio gospel
evitar to avoid
evocador evocative
examinar to examine
exangüe worn-out
exasperante exasperating
exasperarse to grow exasperated
excesivo excessive
exceso excess; en ___ excessively
excitado excited, restless
excitante stimulating
excluir to exclude
excusado toilet, latrine
exigir to demand, require
existir to exist
éxito success; tener ___ to be
  successful
exornador m embellisher
experimentar to experience
explicarse to understand
explotación exploitation
expresar to state
expulsar to expel
extender to stretch, spread out
extenuado exhausted
extinguido extinguished
extraer to take out
extranjero foreign; en el, al ___
  abroad
extrañamente strangely
extrañar to surprise; to miss
extraño adj strange; n stranger
extremar to carry to the limit

extremo far end

F

fábrica factory
fabricante m manufacturer;
  worker; maker
fabricar to make, manufacture
fábula fable
facciones f pl facial features
faceta aspect
factoría warehouse
factura bill
facultad school, college in
  university
falsete m falsetto
falta absence, lack; hacer ___ to
  need, lack
faltar to be missing, absent,
  lacking
fama reputation
familiar adj family; familiar; n m
  pl family members
fanfarrón adj bragging
farsa farce
fascinar to fascinate
fastidiado annoyed; bored
fastidiar to annoy
fastidio annoyance
fatídico fateful
fauces f pl throat
fe f faith
febril feverish
fecha date (calendar)
felicidad happiness
feliz happy; fortunate
feo ugly; awful
fiar to entrust
ficción fiction
ficticio ficticious
fiebre f fever
figurarse to imagine
fijar to fix on; ___se en to notice
fijeza fixity

fila row; edge
filosofía philosophy
filosófico philosophical
fin *m:* al ___ at last, finally;
   a ___ de in order to; por ___
   finally
final *m* end; al ___ at the end
fingir to pretend, feign
firmar to sign
firme solid
físico physical
fláccido soft
flaco skinny, thin; weak
flanco side
flojo loose, limp
flor *f* flower; a ___ de on the surface of
floreado flowered
flote: a ___ afloat
foco center
fogón *m* firebox; stove
follaje *m* foliage
fonda restaurant
fondo *n* bottom; a ___
   thoroughly; al ___ at the rear;
   en el ___ at bottom; en el ___
   de at the back of
forastero stranger, outsider
forjar to shape
forma way
formar to shape
fórmula recipe
formular formulate
forrado covered
forro lining
fortalecer to strengthen
fortuna: por ___ fortunately
fósforo match
fracasar to fail
fracaso failure
fracción fraction
fragor *m* din
franquear to cross, go over

frasco bottle
frase *f* phrase
fraternidad brotherhood
freír to fry
frente *f* forehead; ___ a opposite,
   in front of, with respect to; de
   ___ straight ahead
frescor *m* coolness
freudiano Freudian
frialdad coldness
frontera edge; border, frontier
frotar to rub; to scrub
fruncir to wrinkle
frustrar to frustrate
fuego fire
fuelle *m* bellows
fuente *f* fount, source
fuera outside
fuerte strong
fuerza power, force, strength; a
   ___ de by dint of; con ___
   intensely
fuga flight
fugaz fleeting
fulgor *m* brilliance
fumar to smoke
funcionar to operate, work
funerario funereal
furia evil, violent person
furtivamente furtively

G

gaélico Gaelic
gallina hen
gana desire; de mala ___ unwill-
   ingly; sentir ___s de to feel
   like; tener ___s de + *inf* to feel
   like ___
ganglio ganglion, nerve tissue
   mass
gañir to yelp
garganta throat
gastar to spend; to wear out

gatear to crawl on all fours
gato cat
gaveta drawer
gazapo young rabbit; shy fellow
gema gemstone
gemido groan
gemir to moan, groan
general: por lo __ usually
género gender; kind
gentuza despicable people
gerencia management
gerente *m* manager
gesto gesture; look
gigante *m* giant
gigantesco gigantic
girar to turn, rotate, revolve
giratorio revolving
gitano gypsy
gobierno government
golpe *m* blow; **dar __s** to beat, strike, hit; **dar unos __s** to knock; **de __** suddenly, at once
golpear to strike, hit, beat, slam; to knock
goma rubber
gorra cap
gota drop
gozar to enjoy
grabar to engrave
gracias: __ sociales social graces
grado degree
grande big, large; **en __** on a large scale
grandote biggish
grano grain; berry
granulado granulated products
grapa cheap brandy *(Argentina)*
grasiento greasy
graso greasy
grava gravel
griego Greek
gris grey

grisáceo greyish
gritar to scream, cry out, shout
grito shout, cry, scream; **a __s** at the top of one's voice
grueso heavy
grupo group
guarda: ángel de la __ guardian angel
guardar to put away, hide away; to keep, maintain; **__se** to store up, keep pent up
guardia *m, f* guard; **en __** on guard
guarro hog
guerra war
guiñar to wink
guión *m* script
gustar to please; **__ de** to enjoy
gusto taste; pleasure

H

haber to have; **__ de + *inf*** to be supposed to, have to, should; **he aquí** here is
hábil skillful
habilidad ability
habitación room; dwelling place
habitado inhabited
habitante *m, f* resident
habitar to reside
hábito custom
hacer to do; to make; **__ + *time expression*** for period of time specified; ago; **__se + *n* or *adj*** to become; **__se a** to grow accustomed to
hacia toward, in the direction of
hacha (*f* but **el hacha**) axe
halagar to gratify; to flatter
halago satisfaction
hallar to find; **__se** to find one-self, to be
hallazgo find

hambre *f* hunger; **tener** ___ to be hungry; **pasar** ___ to suffer hunger
hambriento hungry
harapiento ragged
hasta even; ___ **que** until
hastiado bored
hechizado bewitched
hecho fact; deed, act; event
helado icy, frozen
heladora ice cream maker; freezer
helar to freeze
hender to cleave
herencia inheritance
herida wound
herir to wound, injure
hermandad brotherhood
hermoso pretty, beautiful
hermosura beauty
héroe *m* hero
hervir to boil, seethe
hiato hiatus, gap
hierba grass; weed; herb
hierro iron
hígado liver
higiénico hygienic
hilera row
hilo thread; beam; trace
hilvanar to stitch together
hinchado swollen
hincharse to swell up, puff up
hinchazón *f* swelling
hipo hiccough
hiriente cutting
hirviendo boiling
hirviente boiling
hispánico Hispanic
hispano Hispanic
hispanoamericano Spanish American
histérico hysterical
historia history; story
hito milestone

hogar *m* hearth; home
hoja leaf; page
hojalata tin plate
hombre *m* man; husband; **los** ___**s** mankind
hombro shoulder; **al** ___ over the shoulder; **encogerse de** ___**s** to shrug one's shoulders
hombrón big man
homicida *m, f* murderer
homicidio murder
homogéneo homogeneous
hondo deep, profound
hongo mushroom
hora hour; **ser** ___ **de** to be time to
horizonte *m* horizon
hormiga ant
horror *m:* **dar** ___ to horrify
horrorífico horrendous, horrifying
horrorizar to horrify
hortaliza vegetable
hostia communion wafer
hotelero innkeeper
hueco *adj* hollow; *n* opening
huele see **oler**
huérfano orphan
huerta garden; grove
huevo egg
huida flight, escape
huir to flee, run away
humanidad human race
humedad dampness
humedecer to dampen
húmedo damp
humilde humble
humillación humiliation
humillante humiliating
humillar to humiliate
humo smoke
humor *m:* **de buen** ___ in a good mood

humorístico humorous
hundimiento sinking; collapse
hundir to plunge; ___se to sink
hurgar to poke
husmear to sniff

I

idear to think up
idílico idyllic
idolatrar to idolize, worship
ignorar to not know, be ignorant of
igual equal, same
ilógico illogical
iluminado lighted
ilusión dream
ilustrar to shed glory upon
imagen f image
imaginario imaginary
imaginar(se) to imagine
imborrable ineradicable
impaciencia impatience
impacientarse to grow impatient
impedir to prevent
imperativo imperious
implorar to beg
imponer to impose
importancia: cobrar ___ to take on, gain in importance
importar to matter, be important
imprescindible indispensable
impreso printed
imprevisto unforeseen
imprimir to impart
improvisar to improvise
inadvertido unnoticed
incansablemente tirelessly
incapaz unable
incendio fire
incisivo cutting
inclinar to bend, bow; ___se to bend over
incluir to include

incluso even
incomodidad discomfort; annoyance
incómodo uncomfortable
incomprensión lack of understanding
inconcebible inconceivable
inconfesado unconfessed
inconfundible unmistakable
inconsciencia unconsciousness, lack of awareness
inconsciente unaware
inconsistente uneven
incorporarse to get up, sit up
increíble unbelievable, incredible
incrustado pressed into
inculpar to blame, accuse
indecible unspeakable
indeciso indecisive
indemnización indemnification, compensation
indescriptible indescribable
indicar to instruct, tell; to indicate
índice m index finger
indicio clue, hint
indignar to anger, irritate
indigno unworthy
índole f type, nature, characteristic
inédito unpublished
inexplicable unexplainable
inextinguible inextinguishable
infaltable obligatory
infame m scoundrel
infancia childhood
infantil adj childhood
inferior lower
infiel unfaithful
infierno hell
inflexión inflection
influir to influence
influjo influence

informarse to inquire about
infundado baseless
ingeniero engineer
ingenioso ingenious; witty
ingenuo ingenuous, innocent
ingerir to ingest
ingresar to enter
inhabitado uninhabited
inhibir to inhibit
iniciar to begin
iniciativa initiative
injustamente unjustly
inmediato: de ___ immediately
inmóvil motionless
inmovilizado immobilized
inmovilizarse to stop
inmundicia filth
innovación innovation
innovador *n m* innovator; *adj* innovative
inodoro toilet
inolvidable unforgettable
inquietar to worry
inquieto uneasy, anxious
inquietud uneasiness
inquilino renter, tenant
inquisición investigation
insaciable insatiable
inservible useless
insistencia: con ___ insistently
insoportable unbearable, very annoying
insospechado unsuspected
instalar to set up
instancias: a ___ de at the insistence of
instantáneo instantaneous, instant
instinto instinct
instruir to educate
integral honest, full
íntegramente completely
inteligible understandable

intentar to try, attempt
intento attempt
intercalar to insert
interés *m* interest; **tener ___** to be interested; **___ es sociales** interests of society
interiormente inwardly
interponerse to stand between
interpretar to play, perform
interrumpir to interrupt
intersticio interstice, gap
intervención participation
intimidad intimacy
intimidar to intimidate
íntimo intimate
intranquilo uneasy
intransitable impassable
intrínsecamente intrinsically
inundar to flood
inusitado unusual
inútil useless
investigaciones research
ir: ___ se to walk, slip, go away; to leave
ira anger
Irlanda Ireland
irlandés Irish
ironía irony
irónico ironical
irresoluto irresolute
irritante irritating
irritar to irritate
irrupción invasion; irruption
izquierdo left

J

jabón *m* soap
jadeo panting
jamás never; ever
jardín *m* garden
jefe *m* boss
jirón *m* shred
jornada journey

jornal *m* day's wages
joya jewel, piece of jewelry
joyero jeweler
jubilación retirement pension
juego game; play; interplay
juez *m* judge
juguete *m* toy
juicio judgment
junco rush
juntar to gather together
junto near
juntura joint
jurado juror, contest judge
jurar to swear, pledge
justamente exactly
justificar to justify
justo fair, right; exactly
juventud youth
juzgar to judge

L

laberinto labyrinth, maze
labio lip
labor *f* work, task; hacer ___ to do needlework
lacero dogcatcher
laconismo brevity, conciseness
lacrimoso tearful
ladear to tip, tilt
lado side; direction; al ___ beside; next door; de ___ tilted, leaning to one side; del, al otro ___ on the other side; de un ___ a otro from side to side; por todos ___s everywhere
ladrar to bark
ladrillo brick
ladrón *m* thief
lagarto lizard
lago lake
lágrima tear
lámina sheet
lámpara lamp, light

lanceta lancet
langosta locust
lanzar to throw
largarse to go away
largo long; a lo ___ throughout
lástima: dar ___ to be pitiful
lata tin can
lateral lateral, side
latido beat *(of heart, pulse)*
latigazo whip blow
latir to beat, throb
laxo lax; worn out
lector *m* reader
lectura reading
lejano distant, far away
lejos far, far away
lengua tongue
lenguaje *m* language
lengüeta drill
lengüetear to lick
lento slow; sticky
letra letter of the alphabet; handwriting
levantar to lift; ___se to get up
leve slight; light
ley *f* law
leyenda legend
liberado freed
líbido *f* libido, sexual drive
librar to save, free
ligar to tie, bind
ligero light; slight
limitarse to limit oneself
limo mud
limpiar to clean; ___se to wipe away
limpieza *n* cleansing
lindo pretty
línealmente linearly
lírica lyric poetry
lírico lyric, lyrical
listo ready, prepared
literato writer

litro liter
liviano trivial
lívido livid
lo *adv* how
lóbulo earlobe
localizarse to be located
loco mad, crazy; volverse ___ to go mad
locura madness, insanity
lógica logic
lograr to succeed, manage to
lomillo sirloin
Londres London
lotería lottery
lucha struggle
luchar to struggle
luego then; desde ___ of course
lugar *m* place; village; ___ común commonplace; en ___ de instead of
lúgubre gloomy
lujo luxury
lumbre *f* flame
luz *f* light; a la ___ de in light of; arrojar ___ to shed light; dar a ___ to give birth

LL

llama flame
llamada call; beating
llamar to call
llamarada flare, flareup, outburst
llameante blazing
llanta tire
llanto weeping, crying
llave *f* key; bajo ___ under lock and key
llegada arrival
llegar to arrive; to reach up to; ___ a to get to, become
llenar to fill; ___ de to fill with; ___se de to be overwhelmed by

lleno full; filled; ___ de filled with
llevar to carry; to bring; to lead; to wear; ___se to carry off
llorar to cry, weep
lloriqueo whimper, whining
lloroso tearful
llover to rain
lluvia rain

M

macanear to trick
maceta flowerpot
macizo *adj* solid; *n* flowerbed
machacar to pound, mash
madera wood
madrugada dawn
maduro ripe
maestra primary school teacher
magnavoz *m* loudspeaker
maizal *m* cornfield
maldad evil
maldecir to curse
malentendido misunderstood
maletín *m* satchel
malhumor *m* ill humor
maligno evil; malignant
maloliente foul-smelling
maltratar to abuse
malvado evil
malvón *m* geranium
mancha stain, spot
manchado stained
mandato command
mandíbula jawbone
manera way, manner; a ___ de in the manner of; de + *adj* + ___ in a ___ way; de alguna ___ in some way; de esta ___ in this way; de otra ___ otherwise; de todas ___s anyway; de una ___ + *adj* ___ly
manga sleeve

manija handle
manipular to manipulate
mano *f* hand; a ___s de at the
hands of
mansedumbre *f* gentleness,
meekness
manteca *n* fat, lard
mantener to support; to keep;
___se to remain, stay
manuscrito handwritten
manzano apple tree
maravillado amazed
marca brand
marcar to point out
marco frame
marcharse to go away
mareado nauseated
mareo nausea
marginar to exclude, make an
outsider of
marido husband
mariposa butterfly
marrón brown
martirizar to martyr
mas but
más more; a lo ___ at most; ___
allá beyond, farther; no ___
que only; por ___ que no
matter how much
matador *m* killer
matar to kill
maternidad motherhood
matrimonio marriage; married
couple
matrona matron
mayor greater
mayordomo butler
mayoreo wholesale
mayoría greater part, majority
maza mace *(weapon)*
mediano average
medianoche *f* midnight
mediante by means of

médico *n* physician; *adj* medical
medida *n* fit; a ___ que as; en ___
que in proportion to; tomar
___s to take measures, steps
medio half; en ___ de in the middle of; por ___ in between
mediodía *m* midday, noon
medroso fearful
medula marrow
mejilla cheek
mejor better; best; a lo ___ perhaps; lo ___ the best thing
mejorar to improve
melancólico *adj* melancholy
memorial *m* note
mendigo beggar
menesteroso needy person
menestral *m* artisan; mechanic
menor younger; slightest
menos less; fewer; least; al ___ at
least; por lo ___ at least
mensaje *m* message
mensajero messenger
mente *f* mind
mentir to lie
mentira lie, untruth
mentón *m* chin
menudo small
mercado market
mercancía merchandise
merecer to deserve
mermelada marmalade
mes *m* month
mesa desk
mesonero tavernkeeper
metáfora metaphor
meter to put, place; ___se to
plunge, sink into; to get in
método method
metro meter
mezcla mixture
mezclar to mix
mezquino small, wretched

miedo fear; **dar** ___ to frighten; **tener** ___ to fear
miel *f* honey
miembro member
mientes: traer a las ___ to bring to mind
milagro miracle
milagroso miraculous
militar *adj* military; *n m* soldier
millares: en ___ in the thousands
mimo pampering
mínimo minimal
minuciosamente meticulously
minucioso meticulous
mirada look, glance; gaze, stare
mirra myrrh
misa Mass
miserable stingy
miseria poverty
mismo same; self
mitad *n* middle; half
mítico mythical
mito myth
mobiliario furniture
moda fashion; **pasado de** ___ out of style
modificar to modify, change
modo way; **de algún** ___ in some way; **de** ___ **que** so that; **de ningún** ___ not at all; **de todos** ___**s** anyway; **de un** ___ + *adj* ___ly; **en cierto** ___ in a fashion
modorra drowsiness
modulado modulated
Moisés Moses
mojado damp, wet, soaked
molestar to bother
molesto bothersome
molido worn-out
momentáneo momentary
moneda coin
mono monkey
monogámico monogamous

monólogo monologue
monotonizar to make monotonous
monstruo monster
montaje *m* mounting for jewels
montar to mount *(a horse or gemstones)*; **montado en** riding on
monte *m* hill
montículo heap
montón *m* heap, pile
montura saddle
moral *n f* morality; *adj* moral
mórbido delicate; morbid
morder(se) to bite
moreno dark
morfología morphology, transformation
moribundo dying
morro snout
mortalidad mortality
mosaico mosaic
mostrador *m* countertop
mostrar to show; ___**se** to be
motivo reason; motif
movedizo unsteady
moverse to go, move, move about
mozo servant, waiter
mudar to move, change residence
mudo silent, dumb, without speech
mueble *m* piece of furniture; *pl* furniture
muela molar
muerte *f* death
muerto dead
muestra sign
mugre *f* filth
mujer *f* woman; wife
múltiple manifold
mundial worldwide
mundo world; **todo el** ___ everybody

municipio town council, government
muñeca doll
muralla wall
murciélago bat
murmullo whisper
murmurar to mutter, whisper
muro wall
muslo thigh
mustio gloomy
mutuo mutual

N

nacer to be born
nacimiento birth; beginning
nada nothing; ___ + adj not at all
nalga buttock
nardo spikenard, tuberose
nariz f nose
narrador m narrator
narrar to narrate
natal adj native
natalicio: día ___ birthday
naturaleza nature
naturalidad naturalness
Navidad Christmas
necesidad necessity
nefasto fatal; tragic; ominous
negar to deny
negativa denial
negocio business deal
negro black; unhappy; evil
negruzco blackish
nervio nerve
nervioso nervous
nevar to snow
nevera icebox
niebla mist
nieta granddaughter
nieto grandson
nieve f snow
nítido visually sharp

nivel m level
noche f night; **de** ___ at night; **ser de** ___ to be nighttime
Nochebuena Christmas Eve
Noé Noah
nota key of instrument
notar to notice
noticias pl news
notorio evident
novedad surprise
novelista m, f novelist
novia fiancée
noviazgo engagement
noviciado apprenticeship
novio lover; fiancé
novísimo newest
nube f cloud
nudillo knuckle
nuevamente again
nuevo new; **de** ___ again
nutrir to nourish

O

obedecer to obey
obesidad heaviness
obligar to force
obra literary work; ___ **maestra** masterpiece
obrar to work
obrero worker
observador m observer
obsesionar to obsess
obstáculo obstacle
obstante: no ___ however
obstar to stand in the way
obstinado stubborn
obvio obvious
ocre m ocher
ocultar to hide
oculto hidden
ocuparse de to pay attention to
ocurrir to happen
oda ode

odiar to hate
odio hatred
oficial *m* craftsman
oficio trade
ofrecer to offer
ofrendar to contribute
oído inner ear
oír to hear; ___se to be heard
ojalá if only
ojera dark circle under eye
ola wave
oler to smell
olor *m* odor, smell
olvidar to forget; ___se de to
    forget
olla cooking pot
ómnibus *m* bus
ondulante wavy, waving,
    wavering
opacidad gloominess
opaco sad, gloomy
operar to perform surgery
opinar to express, offer an
    opinion
oponerse to oppose
oprimido oppressed
optar to choose
opuesto opposite
oración prayer; sentence
    (*grammar*)
órbita orbit
ordenar to put in order, organize
oreja outer ear
orificio orifice
origen *m* origin
orilla shore, bank
oro gold; de ___ golden, gold-
    colored
oscilante swinging
oscurecer to darken
oscuridad darkness
oscuro dark, dark-colored
oso bear

ostentar to display
otoñal autumnal; on the wane
otorgar to grant, award

P

paciencia patience
paciente *adj, n m, f* patient
padecer to suffer
paisaje *m* landscape
paja straw
pájaro bird
paladar *m* palate
palco box in theater
pálido pale
palma palm
palmear to pat
paloma dove, pigeon
palomar *m* pigeon house
palpablemente noticeably
palpar to palpate
palpitante throbbing
pandereta tambourine
pantalón, pantalones *m* pants,
    trousers
pantufla slipper
paparrucha hoax
papel *m* role; **hacer un ___** to
    play a role
paquete *m* package
par *m* couple; pair; **de ___ en ___**
    wide open
para for; ___ con with respect to;
    ___ que in order that, so that
paraíso paradise
paraje *m* place
paralelismo parallelism
paralítico paralyzing
parar(se) to stop
parecer to appear, seem; ___se to
    resemble; **al ___** apparently; **a
    su ___** in your opinion
parecido *n* resemblance; *adj*
    similar

pareja pair
parentesco relationship (family)
pariente m relative
parpadear to blink
párpado eyelid
parque m park
párrafo paragraph
parroquiano customer
parte f part, portion; place; alguna ___ someplace; a ninguna
  ___ nowhere; en alguna ___
  somewhere; formar ___ to be a
  part; por una ___, por otra ___
  on the one hand, on the other;
  por todas ___s everywhere
participar to partake
particular strange
partida departure
partir to depart, go away; a ___
  de from ___ onward
pasada: jugar una mala ___ to
  play a mean trick
pasaje m passage
pasado past; lo ___ the past
pasar to pass; to experience;
  ___se to spend
pasear to walk, pace; ___se to
  stroll
paso step, footstep; pace; dar un
  ___ to take a step
pasta paste, pulp
pasto grass
pata leg, foot (of animal)
patente obvious
patético pathetic
patria country, fatherland
patriarca m patriarch
patrocinar to sponsor
patrón m boss
pausadamente slowly,
  deliberately
pausar to interrupt
pavada dullness; foolishness

pavor m terror, fear, fright
pavoroso frightful
paz f peace
pecado sin
pecador m sinner
pecar to sin
pecho breast
pedazo piece; a ___s in pieces
pedrada n stoning
pegar to stick (to), fasten; to
  strike, beat; ___se to hang onto
peine m comb
pelado bare, bald
pelear(se) to fight
película film
peligroso dangerous
pelo hair
peludo shaggy
penacho crest
penado convict
pender to hang
penetrar to enter
pensador m thinker
pensamiento thought
pensar to think; ___ + inf to
  plan, intend; ___ en to think
  about
pensativo thoughtful
penumbra semidarkness, half-
  light
peor worse; lo ___ the worst
  thing
percatar to notice
percibir to perceive, collect
percha clothes hanger, hook;
  clothes tree
perchero clothes rack
perder to lose; to miss; to destroy; ___se to disappear
perdonar to forgive
perdurar to last, survive
perecer to perish
perezoso lazy, indolent

perfeccionamiento improvement
pérgola pergola, arbor
periodista *m*, *f* journalist
perjudicar to harm, damage
permanecer to stay, remain
perogrullada truism, commonplace
perplejidad perplexity
perplejo perplexed
perra bitch
perro *n* dog; *adj* mean
perseguido pursued; annoyed
perseguir to pursue, persecute
personaje *m* personage; character in literature
perturbado insane; upset
peruano Peruvian
perverso perverse
pesadilla nightmare
pesado harsh, heavy; boring
pesar: a ___ de in spite of
pesar to weigh on, make sorry
pescador *m* fisherman
pescar to fish; to collect
pescuezo neck
pese in spite of
peso weight; monetary unit
pestañear to blink
petición plea, request
pezuña hoof
piadoso merciful; devout
picar to bite; to pick at, nibble
picardía mischief
picaresco picaresque
picotear to peck
pie *m* foot; al ___ de at the foot of; a los ___s de at the foot of; de ___ standing, on foot; estar de ___ to be standing; ponerse en ___ to stand up
piedad pity
piedra stone
piel *f* skin; hide

pierna leg
pieza room, apartment; piece (*music*)
píldora pill
pillar to get hold of
pimpollo rosebud
pino pine
pintura: ___ decorativa house painting
pinza tweezer
pipa pipe (*smoking*)
pisada footstep
pisar to tread on
piso floor
pisotear to trample
pitillo cigarette
piyama *m s* pajamas
placentero pleasant, pleasurable
placer *m* pleasure
plagiar to plagiarize
planear to plan, intend
plantar to abandon; ___se to take a stand
plantear to outline, expound; ___ un problema to raise, pose a problem
plata silver; money
playa beach
plenitud plenitude, fullness
pleno very; full
población population; town
poblado *n* community; *adj* inhabited
pobreza poverty
poco few, a little; ___ a ___ gradually, little by little
podar to trim, prune
poder *v* to be able; *n m* power, force
poderosamente powerfully
poesía poem; poetry
poeta *m* poet
policía police

policial *adj* police, detective
polvo dust; sacudir el ___ to dust
pólvora gunpowder
polvoriento dusty
pómulo cheekbone
poner to put, place; ___ en
marcha to set in motion;
___se to put on; to become; to
make; to get (into a place);
___se a + *inf* to begin to
populoso populous
pormenor *m* detail
porquería filthy business
portarse to behave
portento wonder
portería doorman's, porter's
office
portero porter, doorman
porvenir *m* future
posarse to settle, perch
poseer to possess, own
poseído possessed
posible: lo menos/más ___ the
least/most possible
posición social position
posterior back; subsequent
postizo detachable
práctico practical
prado meadow, pasture
preceder to precede
precepto commandment
precioso precious
precipitado hurried
predilecto favorite
prefigurar to presage, foreshadow
prefijar to prearrange
preguntar to ask, question; ___
por to ask about; ___se to
wonder
prejuicio prejudice
premiar to reward
premio reward, prize
premura urgency; con ___

quickly
prendedor *m* brooch
prender to light, set afire; to
catch on fire
preocupación concern
preocupar to worry; ___se to become worried, concerned
preparativos preparations
presa prey
presagio omen
presenciar to witness
presentarse to introduce onself
presidir to dominate, preside
over
presión pressure; ejercer ___ to
exert pressure
preso *n* prisoner; *adj* imprisoned
prestar to lend; to give
prestigio prestige
presunto supposed
presuroso hurried
pretensión effort
pretil *m* railing
prevenido on one's guard
previo preceding
previsto foreseen, planned
primitivo original
principio beginning; al ___ at the
beginning
prisa: de ___ quickly
prisionero prisoner
privado private
privilegiado privileged
privilegio privilege
pro: en ___ de in favor of
probar to prove; ___se to try on
procurar to try, attempt
producir to cause
productor *m* producer
profundizar to go deep into
profundo deep
prohibir to forbid
prójimo fellow human being

proletariado lower working class
prólogo prologue
prolongar to extend
promediar to be half-finished, at midpoint
promesa promise
prometer to promise
pronto: de ___ soon; suddenly
propietario owner
propio own, one's own; befitting
proponer to propose
propósito intention
prosa prose
proseguir to continue, follow
protagonista *m, f* leading player, character
protector protective
proteger to protect
provenir to come from
provincia province
provinciano provincial
provocar to promote, provoke
proyectar to project
proyecto plan
prudencia prudence
prueba proof
puchero cooking pot
pudoroso shy, modest
pudrir to rot, decay
pueblo people; town
puente *m* bridge
puerco pig
puerta gate, door
puesto *n* place; *adj* on (being worn);* ___ que* since
pulcritud neatness
pulmón *m* lung
pulmonía pneumonia
pulsar to make pulsate, vibrate
pulular to swarm
punta point, tip of finger
puntapié *m* kick
puntillas: de ___ on tiptoe

punto point, dot;* a* ___ *de* + *inf* on the point of; *en* ___ exactly; ___ *de vista* point of view
punzar to prick
puñado fistful
puñal *m* dagger
puño fist; cuff
pupila pupil *(of eye)*

Q

quebrantado broken
quebrarse to break
quedar to remain, be, stay, continue; ___ *se* to be, stay, remain
quedo quiet, still
quehacer *m* task
queja complaint
quejar(se) to complain
quejido whine, moan
quejoso complaining
quemar to burn; ___ *se* to burn up
querer to want; to love, like; ___ **decir** to mean
quijotesco quixotic, pertaining to don Quijote
químico chemical
quinta open lot
quitar(se) to take off, remove

R

rabia anger, rage; **tener** ___ to be angry
rabioso angry, mad
racional rational
raído frayed
raíz *f* root
ralo sparse
rama branch
rana frog
rancho hut, shanty
rapidez *f* speed

raramente strangely
raro strange, unusual
rascacielos *m s* skyscraper
rascar to scratch
rasguño outline
raspar to scrape
rastro trace
rato while; al ___ soon, presently; mucho ___ a long while
ratón *m* mouse
raza race
razón *f* reason; tener ___ to be right
reaccionar to react
reajuste *m* readjustment
realista *adj* realistic; *n m, f* realist
realizar to accomplish, fulfill
reanudar to resume; ___se to be renewed
reavivar to revive
rebasar to extend beyond
rebeldía rebelliousness
reblandecer to grow soft
rebujo bundle
recelar to fear
recelo distrust
recepción reception desk
receta prescription
recetar to prescribe
recién *adj* recent; *adv* recently, newly
recinto place
reclamar to reclaim, demand
recobrar to recover
recoger to gather, pick up, take in; ___se to take off
recolector *m* collector
recomendar to recommend
recomenzar to begin anew
reconcentrado absorbed in thought
reconocer to recognize
reconvenir to reason with

recordar to remember; to remind
recorrer to look over
recostarse to lean
rectificar to correct
recto upright
rector *m* head of university
recuerdo memory
recuperar to recover
recurso means, resource
rechazar to reject
redacción act of writing
redención redemption
redimirse to redeem oneself
redoblar to double
redondo round
redor: en ___ around
reducir to reduce; ___se to get smaller, to confine oneself
reemplazar to replace
referir to recount, tell; ___se to refer to
refilón: de ___ askance
reflejar to reflect
reflejo reflection
reflexionar to reflect, meditate
reflorecer to flourish anew
refrescar to cool off
refugiar(se) to take refuge
refugio safe zone
regalar to give a gift
regazo lap
regir to rule
registrar to inspect
registro search
regocijado happy, joyful
regresar to return
regreso return
reina queen
reinar to reign
reír to laugh, laugh at; ___se to burst out laughing; to laugh at
reiterar to repeat

relación: guardar ___ con to be related to
relatar to tell, report
relato story
reloj *m* clock; watch; ___ **despertador** alarm clock
reluciente shiny
relleno stuffed; full
remediar to help
remedio: no tener ___ to be beyond repair, help; **sin ___** inevitably
remiendo repair, patch
remontar to climb, soar
remoto remote
remunerar to pay
rencor *m* rancor, bitterness
renegrido black and blue
renovación renewal, changing
renovar to renew
renunciar to give up
reparación repair
reparar: ___ en to notice
repartir to distribute, share
reparto delivery
repente: de ___ suddenly
repentino sudden
repetir to repeat; ___ **se** to be repeated
repiqueteo rapping, clatter
réplica copy; reply
replicar to reply
reponerse to recuperate, recover
reportaje *n m* reporting, report
reposado reposeful
represa dam
representación performance
representar to represent; to act *(in play)*
reprobar to reprove
repuesto *adj* recovered; *n* replacement
repugnar to be repugnant

requerir to require
réquiem *m* mass or chant for repose of dead
resbalar to slide, slip
rescoldo ember
resentimiento resentment
resistir: ___ se a + *inf* to refuse to
resolver to decide; to resolve
respectivo respective
respecto: ___ a with respect to
respeto respect
respiración breathing
respirar to breathe
respiro respite
resplandecer to glitter
resplandeciente gleaming
resplandor *m* radiance; glare
responder to reply, respond
respuesta reply, response
resquebrajarse to split, crack
resto residue; remains
restregar to rub
resucitar to resurrect, revive
resuelto resolved, determined
resuello breathing, breath
resultar to turn out; to be
resumen *m* summary
resurgir to revive
retacar to fill
retener to detain
reticente evasive
retirar(se) to withdraw
retornar to return
retratar to portray
retrato portrait
retroceder to back up
reuma *m, f* rheumatism
reunir to gather
revelar to reveal
reventar to smash
revés back, reverse side; **al ___** backward, the other way around

revisar to check out, look over
revista magazine
revolcarse to roll around
revoltear to flutter
revolver to stir, turn upside
  down; __se to toss and turn,
  thrash about
rey king; *pl* king and queen
rezagado left or fallen behind
rezar to pray
riesgo risk
rincón *m* corner
riñón *m* kidney
risa laugh, laughter
ritmo rhythm
rizado curling, crimping
rizar to curl, crimp
roano roan
robo robbery, stealing
roca rock
rocambor *m* ombre *(card game)*
rodar to rotate; to roll, drag along
rodear to go around
rodilla knee; **de __s** kneeling
rogar to request
rojizo reddish
rol *m* dramatic role
rollo spool
roncar to snore
ronco hoarse
rondar to fly around
ronquera hoarseness
roñoso rusty
ropa clothing; __ **de cama**
  bedclothes
ropavejero dealer in old clothes
ropero wardrobe
rosal *m* rosebush
rostro face
roto broken
rozar to scrape, graze
rubicundo reddish
rubio blond

rubor *m* blush, blushing
ruborizar to blush
rubricar to attest to
rueda wheel
rugir to roar
ruina ruin
rumbo direction; **con __ a** in the
  direction of
rumor *m* sound, murmur
rústico coarse
rutina routine
rutinario *adj* routine

S

sábana bedsheet
sabandija bug
saber to know, find out
sabio scholar
sabor *m* taste
sacar to withdraw; to get from
saciar to satiate, satisfy
saco burlap cloth; sports jacket
sacrificio sacrifice
sacrilegio sacrilege
sacudida jolt, jarring
sacudir to shake
sala hall
salir to protrude
salón *m* parlor
salpicadura splash
salpicar to splash, splatter
salpullido rash
saltar to jump, jump up
salto jump; **dar un __** to jump
saludable healthful
saludar to greet
salvaje savage, wild
salvar to overcome
salvo: __ que except that; **a __**
  safely
sandalia sandal
sangrar to bleed
sangre *f* blood

sangriento blood-red; bloody
sano healthy
santurrón sanctimonious
sapo toad
sartén *f* frying pan
satírico satirical
satisfacerse to be satisfied
satisfecho satisfied
saturar to saturate
sazonar to season *(food)*
sebo grease
secar to dry
seco dry; cold
sector *m* part, portion
seda silk
seguida: en ___ right away
seguir to follow, continue; ___ +
present participle to keep on,
still be, continue
según as; according to; ___ y
como depending on
segundo second *(time)*
seguridad sureness
seguro certain
seleccionar to select
selva woods; jungle
semejante similar
semejanza similarity; **a ___ de**
like
semilla seed
semioculto half-hidden
semioscuridad semidarkness
semítico Semitic
senado senate
sencillo simple
sendero path
seno breast, bosom
sensación feeling
sensibilidad sensitivity; sensi-
bility
sentado seated
sentencia sentence *(law)*; maxim;
___ a muerte death sentence

sentido *n* meaning, sense; direction; ___ **común** common
sense; ___ **de humor** sense of
humor
sentimiento feeling; regret
sentir to feel; to hear; to taste;
___se + *adj* to feel
señal *f* sign
separado spread apart
sepulcro tomb
sepultado buried
ser *v* to be; *n m* being
serenar to calm; ___**se** to calm
down
sereno watchman; night air; dew
serie *f s* series
seriedad seriousness
serio serious; **tomar en ___** to
take seriously
servible useful
servir to use; to be of use, useful;
no ___ de nada to be no good,
useless
sesgo shift
siempre always; **de ___** as usual;
___ que whenever
sierra mountain range
siglo century
significativo significant, meaning-
ful
signo sign
siguiente next, following
silbar to whistle
silbido whistling sound
silenciar to keep silent about
silla: ___ giratoria revolving chair
sillón *m* easy chair
simbólico symbolic
símbolo symbol
simplista simplistic
simular to fake
sin without; ___ **que** without
singular unusual

sino but, but rather
síndrome *m* syndrome
síntoma *m* symptom
siquiera even; **ni** ___ not even
sirena siren
sitio spot, place; ___ **de labores** workplace
situar to place, locate
sobra: de ___ in excess; *pl* leftovers
sobre on; on top, above; about; **por** ___ over; ___ **todo** above all, especially; ___ **sí** self-controlled
sobrenatural supernatural
sobresaliente overhanging
sobresalir to jut out, project, stand out
sobrevivir to survive
sobrino nephew
socio business partner
sofocado suffocated
soldado soldier
soledad solitude, loneliness
soler + *inf* to be accustomed to
solicitud solicitude
solidaridad soldarity
solitario *adj* lonely, solitary; *n* solitaire diamond
solo lonely
soltar to let go, loosen, release; ___ **se** to get loose
soltero unmarried adult
solterona spinster
solucionar to solve
sollozar to sob
sollozo sob
sombra shadow; **de** ___ shadowy
sombrear to cast a shadow
sombríamente somberly
sombrío gloomy
sonaja rattle
sonar to sound, make a sound; to

play, ring
sonido sound
sonoro sonorous
sonreír to smile
sonriente smiling
sonrisa smile
sonrojarse to blush
soñar to dream, dream up
sopa soup
soplar to exhale; to blow
soplido blowing
soplo whisper
soportar to put up with
sordo deaf; hidden, indirect
sorprendente extraordinary
sorprender to surprise, catch; to discover, find; ___ **se (de)** to be surprised (at)
sorprendido surprised
sortear to dodge
sosegado calm, peaceful
soslayo: de ___ askance
sospecha suspicion
sospechar to suspect
sostén *m* support
sostener to maintain, support, hold, sustain; ___ **se** to support oneself
sótano basement
suave soft
subconciencia *n* unconscious, subconscious
subconsciente *adj* unconscious, subconscious
subir to go up; to lift up; to get worse
súbitamente suddenly
súbito sudden; **de** ___ suddenly
submundo underworld
subrayar to underscore, emphasize
suceder to happen, occur; ___ **se** to follow one after another

sucesivo successive
suceso happening, event
suciedad filth
sucio dirty
Sudamérica South America
sudamericano South American
sudar to perspire
sudor *m* perspiration, sweat
suela sole
sueldo salary
suelo floor; ground
suelto swift; free
sueño: en __s while dreaming
suerte *f* luck; a su __ to their
   destiny; por __ luckily
sufrimiento suffering
sugerir to suggest
suizo Swiss
sujetar to hold down
sumergirse to sink
sumersión submersion
superficie *f* surface
superior upper, top
súplica entreaty
suplicar to beg
suplir to replace
suponer to suppose
supuesto: por __ of course
surgir to arise, come forth
surrealismo Surrealism
suspirar to sigh
sustituir to substitute
susto fright
susurrar to whisper
susurro whisper, murmur

T

taberna saloon
tabernero saloonkeeper
tabla board
tablero: __ telefónico
   switchboard
taburete *m* stool

taciturno melancholy
taco heel of shoe
taconear to click heels; to strut
taladrar to drill
taller *m* workshop
tallo stem
tamaño size
tambaleante staggering
tambalear to totter; __se to
   stagger
tampoco neither
tantear to feel about
tanto so much; en __ while
tañido tone *(music)*
tapa cover
tapar to cover (up), conceal; to
   plug
tararear to hum
tardar to take, spend time; __ en
   to be long in
tardío late; late-blooming
tarea work, task
tartamudear to stammer
tatuar to tatoo, make marks
taza cup
té *m* tea
teatral theatrical
teatro theater
techo roof
tedioso tedious
tejabán *m* tile-roofed dwelling
   (Mexico)
tejado roof
televisor *m* television set
tema *m* theme
temblar to shake, tremble, quiver
temblor *m* shaking, trembling,
   tremor
tembloroso trembling
temer to fear
temoroso afraid, fearful
temporal temporary
tenaz tenacious

tendencia tendency
tenderse to stretch out
tendido stretched out
tenedor *m* fork
tener to have, hold; ___ que + *inf*
to have to; ___ por to consider
tensarse to stand up straight
tenso taut
tentación temptation
tentador tempting
tentar to feel
tenue light
teñido tinged
teórico theoretical
terco stubborn, insistent, resistant
terminantemente definitively
terminar to finish, end; ___ de +
inf to have just
término term
ternura tenderness
terraplén *m* embankment
terreno terrain
terrón *m* lump, clod
testigo witness
tibieza lukewarm temperature;
coolness
tibio lukewarm, tepid
tiempo: a ___ on time; a un ___
at the same time; a su ___ in
due time
tientas: a ___ gropingly
tierno tender
tierra ground; native land
tijeras *pl* scissors
timidez *f* bashfulness
tímido bashful
tinta ink
tintorería dry cleaner's shop
tipo fellow
tirantez *f* strain
tirar to throw; to throw away;
___se to lie down; ___ de to
pull

titular *m* holder, incumbent
título title; academic degree
toalla towel
tobillo ankle
tocar to touch; to play
todavía still, yet, even
todo all; every; del ___
completely, altogether
tomo volume
tono tone
tontera foolishness; nonsense
topacio topaz
torcido twisted
torno: en ___ round about; en ___
de about
torpe awkward, stupid
torpeza awkwardness
torre *f* tower
toser to cough
tostadas *pl* toasted bread
total in a word
totalitario totalitarian
trabajador *n m* worker;
adj laboring, working
trabajosamente laboriously
tradición tradition
traducción translation
traducir to translate
traer to bring, attract
tragar to swallow
trago swallow, drink
traidor *m* traitor
trajín *m* bustle, hustle
trajinar to roam, wander about
trama plot *(literature)*
trampa trap
trancar to bar
tranquilidad tranquility
tranquilizar(se) to calm down
tranquilo quiet, peaceful
transcurrir to take place
transeúnte *m* passerby
transitar to travel

transportes *m pl* rapture, delight
trapo rag
tras beyond; behind; after
trascender to transcend
trasero hind, back
trasformar to transform
trasladarse to move oneself to another place
trasteo moving things around
trastornado upset
tratamiento treatment
tratar to treat; ___ **de** + *inf* to try to; ___ **se de** to be a matter of, be about; to deal with
trato relationship; treatment
través: a ___ **de** through, across
travieso mischievous
tremendo terrible
trémulo tremulous
trepar(se) to climb
tricota jersey
trillado trite, worn out
triplicar to triple
tristeza sadness
triunfar to triumph
tronco torso
tropezar to stumble
trozo section, piece, fragment, bit
trucado contrived
tumbarse to lie down
turbador upsetting
turbio troubled, confused
tutear to address with the **tú** form

U

ultimar to finish
umbral *m* treshold
únicamente only
unir to tie, join
unísono: al ___ in unison
untuoso sticky
uña fingernail

urbano urban; urbane
urdir to plot, scheme
urgir to urge
uruguayo Uruguayan
útiles *m pl* tools
utilidad useful
utilizar to use

V

vacaciones *pl:* **de** ___ on vacation
vacilar to hesitate
vacío *n* emptiness; *adj* empty
vago wavering
vaho breath
valer to be worth
valija valise
valioso valuable
valor *m* worth; audacity
valla masonry wall
valle *m* valley
vano: en ___ in vain
vapor *m* mist; steamship
variado varied
varón *m* male; man
varonil vigorous; virile
vasco Basque
vaso drinking glass
vecino *n* neighbor; *adj* neighboring
vehículo vehicle
veintena a score, twenty
vejez *f* old age
vela candle; **en** ___ awake
velada vigil
velador night table; bedside light
veladora night lamp
velar to watch over
velo veil
veloz fast
velludo hairy
vena vein
vencer to overcome
vendedor *m* salesman

vengarse to take revenge, avenge oneself
vengativo vindictive
ventaja advantage
ventura happiness
veranear to spend summer
verdadero true; real
vergüenza shame; embarrassment
verosímil likely, probable
verso verse, poetry
vertedero dump
verter to pour
vestigio trace
vestir(se) to dress, get dressed
veta streak
vez *f* time, occasion; alguna ___ at one time, sometime; a su ___ in (its) turn; cada ___ each time; cada ___ más ever more, more and more; de ___ en cuando from time to time; dos veces twice; en ___ de instead of; muchas veces often; otra ___ again; por primera ___ for the first time; tal ___ perhaps; una ___ once; una y otra ___ one time after another; a (las) veces sometimes
vibrar to shake, twitch; to vibrate; to ring out
vicio vice
víctima victim
victoria victory
vidriado glazed
vidrio glass; windowpane
viento wind
vientre *m* belly
vigilia wakefulness
vikingo Viking
vileza infamy
vinculado tied, linked
violar to violate
virilidad virility

virtud virtue
visión view, sight
vislumbrar to glimpse at
vista vision; view; glance; a la ___ in open view, in sight; punto de ___ point of view
viuda widow
vivaz lively
vivo alive; intense
volar to fly
volumen *m* volume
voluminoso huge
voluntad will
volver to turn, return; ___ a + *inf* to ___ again; ___ se to turn, turn around; to turn into, become
vuelo flight
vuelta turn, return; dar media ___ to turn around; dar una ___ to take a walk or stroll; dar ___ to turn over; to circle; dar ___ a to turn over; dar ___s to go around in circles, in vain

Y

ya now; already; still; ___ no no longer
yacer to lie

Z

zapatilla slipper
zarandear to jiggle
zarrapastroso shabby person
zócalo wooden border, molding
zorro fox
zozobra anxiety, hesitancy
zumbar to buzz
zumbido buzz, humming sound

COPYRIGHTS AND ACKNOWLEDGMENTS

The editor is grateful to the publishers and copyright holders of stories by the following authors for permission to reprint the works in this volume:

IGNACIO ALDECOA "Al otro lado" from *Cuentos completos I* by Ignacio Aldecoa. Reprinted by permission of Josefina Rodríguez, Vda. de Aldecoa.

MARIO BENEDETTI "Réquiem con tostadas" from *La muerte y otras sorpresas* by Mario Benedetti. Reprinted by permission of the author.

JORGE LUIS BORGES "Tema del traidor y del héroe" from *Obras completas: Ficciones* by Jorge Luis Borges. Copyright © 1956 by Jorge Luis Borges. Reprinted by arrangement with Emecé Editores S.A. and the Estate of Jorge Luis Borges.

JULIO CORTÁZAR "La caricia más profunda" from *La vuelta al día en ochenta mundos* by Julio Cortázar. © Julio Cortázar, 1967 y Herederos de Julio Cortázar. "La puerta condenada" from *Final de juego* by Julio Cortázar. © Julio Cortázar, 1956 y Herederos de Julio Cortázar. Both reprinted by permission of Aurora Bernárdez, legataria universal de Julio Cortázar.

MIGUEL DELIBES "En una noche así" from *La partida* by Miguel Delibes. Reprinted by permission of the author.

CARLOS FUENTES "El que inventó la pólvora" from *Los días enmascarados* by Carlos Fuentes. © Carlos Fuentes, 1954/1966. Reprinted by permission of the author.

GABRIEL GARCÍA MÁRQUEZ "La mujer que llegaba a las seis" from *Ojos de perro azul* by Gabriel García Márquez. © Gabriel García Márquez, 1947/1955. "Rosas artificiales" from *Los funerales de la Mamá Grande* by Gabriel García Márquez. © Gabriel García Márquez, 1962. Both reprinted by permission of the author.

LEOPOLDO LUGONES "El escuerzo" from *Las fuerzas extrañas* by Leopoldo Lugones. Reprinted by permission of Sra. Lugones de Espinosa.

ANA MARÍA MATUTE "Los chicos" from *Historias de la Artámila* by Ana María Matute. © Ana María Matute, 1961. Reprinted by permission of the author.